KB071094

40 50

스스로 그려가는 나의 인생 그래프

- 3사이클 인생 풀이 기법 -

20여 년 전 라이프 사이클을 한창 연구하던 중이었다. 친한 친구에게 라이프 사이클에 대한 개념을 설명해 주기 위해 만날 약속을 잡았다. "인생에 대해 어쩌고저쩌고하고, 그래서 보험으로 준비를 할 필요가 있다…" 이런 식의 이야기를 하니 친구의 반응이 영 석연찮아 보였다. "내가 전에 보험 한 건 들었는데… 또 들기는 부담스럽고……." 저자의 의도는 보험 가입이 전혀 아니었는데 친구가 크게 오해하는 듯했다.

보험 가입 이야기는 절대 하지 않는다는 다짐을 받고 어렵사리 만날 수 있었다. 보험 가입 권유 의도는 전혀 없었다. 그간 내가 생각했던 인생에 대해 타인들은 어떻게 생각하고 있는지, 나의 생각이 배어든 라이프 사이클을 친구가 어떻게 평가할지 궁금해서 솔직한 이야기를 듣고자 하는 의도였다. 친구를 만나 30분 정도 라이프 사이클을 그려가며 인생에 대한 이야기를 풀어갔다. 친한 친구였지만 이 친구가 이런 생각을 갖고 있었구나 하는 의아함도 들었다. 만일의 경우 가족들이 겪을 수 있는 어려움에 관해 이야기할 때는 눈가에 촉촉한 눈물이 고이는 것도 보았다. 저자가 친구를 대하며 이렇게 심각했던 때가 있었을까 싶을 정도로 둘은 숙연했다. 늘 만나면 즐겁고 유쾌했던 사이지만 백지 한 장을 놓고 이렇듯 심각하게 이야기를 하고 있다니…….

다음 날 친구로부터 연락이 왔다.

"어제 알려준 라이프 사이클이라는 것 있잖아. 저녁에 오랜만에 가족이 다 모인 김에 배운 대로 한번 그려봤어. 그런데 다들 깜짝 놀랐어. 애들도 재미있어하고…"

"그래? 어땠는데?"

"내 미래 인생과 사회생활 하면서 벌 수 있는 돈, 그리고 남은 인생에 필요한 자금 등등이 구체적으로 나타나니까 그렇게 신기할 수가 없더라고. 덕분에 아내랑 아이들과 우리 생활에 대해 많은 이야기도 나눴고. 난 아예 아이들한테 대학 등록금이랑 결혼자금 관련해서도 50%만 책임지겠다고 못 박아놨지. 나머지는 너희가 어떻게 해서든 일단 마련해보라면서 말이야. 하하. 과연 그게 가능할지 모르겠지만, 어쨌든 당장 한 시름 덜어낸 기분이야. 왜 진작 이걸 해보지도 않은 채로 노후자금이니, 애들한테 들어갈 자금이니, 그냥 막연히 불안해만 했는지 몰라. 정말 고마워."

몇 달 뒤 친구는 나를 통해 종신보험과 연금보험에 가입했다. 전혀 가입 의도를 갖고 만난 게 아니었는데……

이후 라이프 사이클이 소위 '먹힌다'는 자신감으로 그 친구의 회사 후배와 다른 친구들을 만나기 시작했다. 1년 정도에 걸쳐 50여 명의 사람을 만났다. 대부분이 심각하면서도 재미있게 인생 그리기에 동참해 주었다.

20대 후반의 미혼 여성은 아직 결혼할 상대도 없는 상황에서 심지어는 태어나지도 않는 아이에 대해 꿈을 꾸듯 인생을 그려가는 모습에 대해 너무도 신기해했고, 점점 나이를 먹어 늙어 갈 수도 있다는 대목에서는 진심으로 아쉽고 불안해하는 모습을 볼 수 있었다. 하지만 인생의 준비를 통해 예방 주사를 맞았다는 표현으로 가볍게 만남을 마칠 수 있어 너무도 뿌듯했다.

50대를 넘어선 어느 중년의 가장은 뼈 빠지게 일하면서 열심히 돈을 버는데 왜 모이는 게 없냐고 한숨 어린 푸념을 늘어놓았다. 라이프 사이클로 간단히 그런 상황을 보여주니, 이제야 정답을 찾았다는 듯 속 시원해했다. 큰아이가 작년에 대학에 들어가고 내년에 둘째가 또 입학 예정이라 근심이 하늘을 찌를 듯했는데, 구체적인 저축 방법과 앞으로 미래를 대비할 생각을 한 후 마음의 큰 짐을 덜었다고 기뻐했다.

이런 성공적인 경험은 저자에게 큰 힘이 되었다. 이 책에서 설명한 라이프 사이클의 기본 원리와 예상치 못한 각종 사건 사고의 경우를 고려해 각자 라이프 사이클을 직접 그려 보고, 그것에 근거해 가족 구성원과 함께 상의하고 자금 계획을 세운다면 최소한 돈에 대한 막연한 불안감이나 노후 걱정은 어렵지 않게 떨쳐낼 수 있을 것이라고 확신하게 해 주었다.

하지만 한편으로 우리 인생을 돈만으로 모두 설명할 수 있을까? 하는 의문이 떠나질 않았다. 라이프 사이클은 재무적인 관점에서 인생을 풀어가는 훌륭한 도구이기는 했으나, 우리 인생에서 돈이 전부는 아니었다. 그래서 고심 끝에 탄생한 것이 메디컬 사이클과 실버 사이클이었다.

메디컬 사이클은 건강의 관점에서 인생을 풀어간 그래프이고, 실버 사이클은 노후 인생을 풀어간 그래프이다. 이렇게 세 개의 그래프를 완성해 보니 인생에 있어 가장 중요한 요소들로 삶을 정의하고 풀어 갈 힘이 더 강해진 느낌이었다. 그래서 이 세 개의 그래프를 3사이클(three cycle)이라고 명명했다.

어릴 적 저자의 꿈은 대통령이 되는 것이었다. 그러나 초등학교 4, 5학년쯤 그러한 꿈은 비현실적이란 사실을 깨달았다. 중학교 갈 때쯤에는 과학자로 꿈을 바꾸었다. 그러나 그 꿈도 고등학교 2학년 때 문과 이과로 나뉘며 접었다. 대학을 졸업하고 회사에 입사할 때쯤 돼서는 회사의 사장이 꿈이었는데 1년 정도 지나니 자연히 포기하게 되었다.

  꿈에 대해 쭉 되돌아보면 어릴 적에는 정말 황당한 꿈을 꾸었던 것 같다. 비현실적이지만 꿈을 크게 가져야 훌륭한 사람이 될 수 있다는 막연한 기대감을 어른들로부터 들었기 때문이다. 그러나 점점 커 가면서 꿈은 현실을 바탕으로 꾸어야 이루어질 수 있겠다는 생각이 들었다. 그래서 이제는 현실과 타협할 수 있는 범위 내에서 꿈을 꾸는 것 같다. 이러한 현실이 잘못된 것일까? 결코 그렇지 않다. 어른들은, 현실적으로 소박하지만 진정으로 이룰 수 있는 꿈을 갖고 있지 않은가! 우리 모두는 현실적이지만 소박한 꿈을 갖고 살았으면 좋겠다. 원대하거나 위대하지 않지만 우리 가족들의 가까운 장래와 조금은 멀지만 몇십 년 후를 어렵게 하지 않도록 하는 현실적인 꿈. 그런 꿈을 만들어 갔으면 하는 것이 저자의 소망이다.

  3사이클은 독자들을 대단한 부자로 만들어 주지는 못할 것이다. 그러나 인생의 길에서 '만일'과 '미래'를 예견할 수 있는 현명한 시각을 제시하고 '작은 꿈'을 실현하게 해줄 토대가 되리라 확신한다.

본 책에서는 많은 자료를 인용했다. 어떠한 자료들은 정부와 공신력 있는 기관들의 자료를 인용했고 또 어떤 자료들은 출처가 분명치 않은 것들도 있다. 출처가 불분명하거나 객관적 자료가 미흡한 내용에 대해서는 저자가 몸담은 라이프 사이클 연구소의 연구를 통해 예측, 추정한 내용도 있다. 이 점 독자들의 이해를 구한다.

한편, 책 중에 나오는 'BOOK in book'은 다양한 통계자료들에 대한 별책 부록 정도로 이해하면 될 것이다.

끝으로 저자를 이 세상에 있게 해주신 존경하는 부모님과 사랑하는 아내 김정혜, 딸 다희, 다영에게도 감사드린다.

C o n t e n t s

제3장

다양한 유형의 라이프 사이클

제4장

만일의 경우 라이프 사이클

Contents

제1장

누구나 궁금해하는
인생의 수수께끼

40 50
스스로 그려가는
나의 인생 그래프

잘사는 인생, 어떻게 만드는가

▎4차 산업혁명 시대의 잘 먹고 잘사는 법

우리는 다양한 물질적 혜택을 누리며 그 어느 시대보다 편리하고 윤택한 삶을 살고 있다. 기술의 진보는 인간의 상상을 뛰어넘고 있으며, 의학의 발달로 평균 수명 100세 시대를 살게 되었다. 그러나 풍요로움 이면에 숨겨진 결핍은 진정한 삶의 의미를 잃어버리게 했고, 인간성의 상실로 인해 세상은 더욱 각박해지게 되었다. 질병의 공포에서 벗어나는 대신 환경오염으로 인한 위협에 노출되었으며, 코로나 시대를 겪으며 과거에는 존재하지 않았던 새로운 질병이 나타나 우리의 건강을 위협하고 있다.

2000년대부터 국내에서 시작된 웰빙(Well-being), 힐링(healing) 열풍은 현대 사회가 안고 있는 여러 가지 모순점들을 극복하고 더 나은 삶을 살고자 하는 사람들의 소망에서 시작되었다. 정신적, 육체적인 건강과 더불어 행복과 복지, 안녕을 추구하는 것이 웰빙의 사전적 의미다. 힐링이란 몸과 마음(영혼)의 치유와 회복을 의미하는 것으로 사회적으로는 물질적 부가 아닌 삶의 질을 강조하는 생활방식을 가리키는 용어로 사용되고 있다. 경제적 풍요와 사회적 성공을 강조하던 2000년 이전 시대와는 달리, 2000년대 이후부터는 정신적 건강과 행복, 자기만족이 삶의 중요한 가치로 떠오르기 시작했다. 21세기를 살아가는 우리는 그 어느 때보다 정신적, 육체적으로 잘 사는 것에 관한 관심이 높다. 이런 추세에 따라 웰빙과 힐링 관련 상품들의 소비가 급속히 증가하면서 촉진된 웰빙과 힐링 문화의 확산은 현재까지도 한국인들의 주요한 소비패턴과 관심사로 자리 잡고 있다.

그러나 이러한 웰빙-힐링 문화가 들어온 지 20여 년이 지난 지금, 과연 우리는 행복한가? 겉으로는 웰빙-힐링을 외치고는 있지만 내면 깊은 곳에서도 과연 웰빙하고 힐링하고 있는가? 모두들 고개를 가로저을 것이다. 경제적으로 가장 빠르게 발전한 외형 뒤에 감춰진 저출산, 고령화의 어두운 그림자가 그것이며, 세계에서 유례없는 교육열로 성장하는 아이들의 삶을 온통 입시 지옥으로 몰아넣는 교육 환경과, 오로지 업무 성과에만 치중해 개인의 생활 따위는 잊은 지 오래된 기업, 노동 문화가 이제는 더 이상 묵과할 수 없는 상황까지 이르렀다. 20여 년 전, 조금 먹고살게 되었다고 외치던 웰빙-힐링은 더 이상 우리 삶을 만족스럽거나 행복하게 해주지 못하고 있다. 단지 외형적으로 '만족한 척'과 '행복한 척'만 해 왔지. 실질적으로 별반 달라질 게 없었던 지난 20년간의 웰빙-힐링 문화였다.

이제는 보다 근원적인 문제에 집중해야 한다. 앞으로 나아가는 길만 찾을 것이 아니라 돌아보는 지혜가 필요하다. 그렇다면 지금 우리에게 필요한 것은 무엇일까? 현실적인 측면에서는 경제적인 욕구로 대변되는 '돈'이겠으나, 좀 더 현명하게 인생을 들여다보면, '무엇 때문에 돈을 벌고 쓸까'라는 '성찰'의 문제로 귀결된다. 이는 곧 자신의 삶을 외부의 자극에 따라 내던지는 것이 아니라 스스로 생각하고 판단하는 보다 내면적인 고민이 필요하다는 것이다.

그래서, 먹고살 만하니 떠들썩하게 잘 사는 티를 내는 '파티'는 끝내고, 조용히 자신과 가족으로부터 시작된 주변과의 '속 깊은 동화(同化)'에 관심을 가져야 한다. 이는 대단히 철학적인 이야기가 아니다. 우리보다 좀 더 일찍 잘살게 된 선진국들은 오래전부터 이런 '내면의 부'를 위한 삶을 살아오고 있었다. 그들만의 자본주의 역사, 200~300년이 만든 삶의 지혜가 그들의 삶 속에 녹아 내려오고 있다. 이런 개인과 가족만을 위한 문화는 결코 이기적인 개인주의와 다른 '서구문화의 힘'임을 잊지 말아야 한다.

이제는 자신과 가족들의 삶에 관해 더욱 진지하게 생각해야 한다. 그리고 그런 생각을 위해서는 뭔가 'tool'이 있어야 한다. 무작정 생각하고 고민만 하라면 얼마나 힘들겠는가? 그 'tool'이 바로 지금부터 이야기할 '3사이클'이다.

3사이클이란?

3사이클이란, 라이프 사이클, 메디컬 사이클, 실버 사이클을 이른다. 라이프 사이클은 우리 인생을 재무적 관점에서 사망, 질병, 그리고 노후를 통계 자료와 시각적 이미지로 그려간 것이다.

두 번째 메디컬 사이클은 의료적 관점 즉, 건강의 관점에서 인생을 그려 본 그래프이고, 마지막 실버 사이클은 노후 인생을 그려 본 그래프이다. 따라서 3사이클이란, 이 세 가지 그래프를 통해 우리 인생에 있어서 가장 중요한 돈과 건강 그리고 노후를 그려가며, 앞으로 나와 가족의 인생이 어떻게 펼쳐질 수 있을까를 예상해 보는 예측 도구이다.

만일 우리가 인생을 예측해 봄에 있어, 가능한 도구가 없다면 그것은 막연한 상상이나 공상에 지나지 않을 수 있다. 하지만 3사이클을 통해 통계적이며 산술적인 기법으로 현실화해 간다면 더 생생히 예측하며 머릿속에 깊게 각인시킬 수가 있다.

이 책은 3사이클을 통해 모든 국민이 접할 수 있는 다양한 인생을 그려가며, 저마다 인생의 의미를 예측하고, 미래에 대한 준비와 만일을 위한 대비를 할 수 있도록 의도하였다.

우선 3사이클 중 가장 내용이 많은 것은 라이프 사이클이다. 라이프 사이클에 관해서는 저자가 7년 전, 단독으로 출간한 바 있다. 그때 다뤘던 내용에 최근 새로이 나온 통계 자료와 사회문화적 트렌드를 반영해 업그레이드했다. 메디컬 사이클과 실버 사이클은 몇 년 전 새롭게 도입한 콘텐츠로 새롭게 선보이고자 한다.

3사이클은 인생을 통찰할 수 있는 예측 도구

▍ 라이프 사이클(life cycle)이란?

인생에 대해 감성적 접근법이 아니라 산술적 접근법이 사용된 지는 사실 그리 오래되지 않았다. 라이프 사이클은 거시경제학 이론에 기반을 두고 있다. 1985년 노벨 경제학상을 수상한 이탈리아 출신의 미국인 프랑크 모딜리아니의 소비이론인 '라이프 사이클 가설'에 그 연원을 두고 있다. '라이프 사이클 가설'이란 사람들이 생애의 잔여기간 동안 기대되는 수입 및 자산 총계의 현재가치와 잔여기간의 소비 총계의 현재가치를 비교해 소비 수준을 측정하기 위한 이론이다.

이는 현대 재무이론의 출발점을 연 '모딜리아니-밀러 정의'를 통해 실용적인 경제이론 분야에서 선구적인 연구성과를 올린 바 있으며, 이런 경제학적 기반 위에 1980년대 후반, 일본에서 종신보험과 연금보험의 판매 툴(tool)로써 활용되어온 바 있다. 우리나라의 경우 1990년대 초반 모든 보험회사에서 일본을 벤치마킹하고 있을 때, 상품 판매의 툴로 이를 도입해왔으나, 당시 보험문화나 국민의 인지도가 낮아 크게 활용되지는 못했다.

그러다 2000년대 이후 우리나라에서도 종신보험이 각광을 받기 시작하며 라이프 사이클이 종신보험과 연금보험의 유용한 판매 툴로 관심을 받아오던 중, 2000년대 중반경 저자가 라이프 사이클에 보편성과 생동감을 더해 연구·개발하여 대표적인 인생 설계 방법 중 하나로 자리잡았다. 이 과정에서 저자는 라이프 사이클을 단순한 보험상품의 판매수단이 아닌, 누구나 자신의 인생을 미리 준비하고 계획할 수 있는 인생의 좌표로 삼게끔 보편화시키기 위해 이 책을 계획했다.

라이프 사이클은 재무적 관점에서 인생을 그려가는 그래프이다. 일반적으로 재무제표 또는 재무설계라는 표현으로 재무(財務)라는 단어를 많이 들어보긴 했지만, 그 의미를 명확히 아는 경우는 드물다. 재무(財務)를 풀어 설명하면, 재(財) 자는 재물 또는 재산 할 때 쓰이는 글자이다. 즉, 돈이란 의미다. 무(務) 자는 일한다는 의미이며 업무(業務) 또는 직무(職務) 등의 표현을 쓸 때 사용하는 글자이다. 따라서 재무(財務)의 의미는 '돈이 일한다'라고 함축할 수 있다.

그렇다면 '돈이 일한다'는 건 무엇일까?
"도대체 돈이 어떻게 일하지?"
"금융기관에 돈을 넣어 두면, 돈이 돈을 벌어, 결국 돈이 일하게 되는 걸까?"

물론 그렇게 돈이 일할 수도 있겠으나, 위에서 언급한 '돈이 일한다'는 것은, 금융기관을 통해 투자 수익을 얻는 의미가 아니다. '돈이 일한다'라는 것은 돈의 두 가지 측면, 즉 들어오는 돈과 나가는 돈의 관점을 은유적으로 '일한다'라고 표현한 것이다. 이는 들어오는 돈과 나가는 돈인 수입과 지출의 관점에서라는 의미로 재해석하면 될 것이다.

그렇다면 재무적 관점이란 뜻이 명쾌해졌다. 이는 곧, 수입과 지출의 관점이란 의미다. 되짚어 보면 돈은 위 두 가지 관점에서만 들락날락한다. 여러분이 열심히 땀 흘려 벌어 오는 돈이 수입이고, 각종 명목으로 이리저리 쓰임새 있게 나가는 돈이 지출이다. 자, 이것 말고 돈이 움직이는 방향이 따로 있겠는가?

　우리는 살아가며 ― 좀 더 구체적으로 말하면 가정을 꾸리면서 ― 수입과 지출이라는 양면성을 가진 돈에 대한 애증을 끊기 힘들다. 누구나 다, 많이 벌고 적게 써서 많은 돈을 모아 그것을 통해 삶의 행복지수를 높이려 한다. 그런 측면에서 수입과 지출은 우리 인생에 매우 커다란 의미를 부여한다. 어찌 보면 우리의 일상은 돈의 들어오고 나감을 챙기며 평생을 살아가야 하는 운명과도 같은 형국이다. 따라서 인생의 축에서, 즉 가정을 꾸리기 시작해서 한 가계가 끝나는 날까지 돈이 들어오고 나가는 규모와 시점을 파악하고 분석하는 것은 매우 중요한 일이 아닐 수 없다. 이에 저자는 돈에 대한 감상적이고 철학적인 의미는 제외하고, 현실을 살아가는 주요 수단으로서의 의미에 초점을 맞춰 설명하고자 한다.

라이프 사이클은 '수입과 지출'로 인생의 흐름을 예측해 보는 도구

일생을 돈의 흐름으로 파악하기

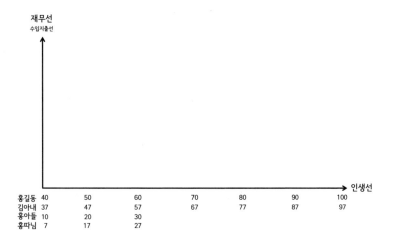

홍길동	40	50	60	70	80	90	100
김아내	37	47	57	67	77	87	97
홍아들	10	20	30				
홍따님	7	17	27				

라이프 사이클은 '돈의 흐름', 즉 수입과 지출에 따라 예상되는 인생의 주요한 상황을 두 가지 축으로 놓고 설명한다. 현 시점으로부터 계속 이어질 '인생선'을 가로축으로 하고, 인생의 각 상황에 따라 들어오고 나가는 돈들의 합계인 '재무선'을 세로축으로 한다. 그리고 현재부터 가족들의 나이를 인생선에 따라 10세 단위로 끊어나간다. 이렇게 인생선 위에 가족들의 나이를 펼쳐 보면 한눈에 전 가족의 인생을 파악할 수 있다.

뿐만 아니라 가족들의 가까운 미래부터 먼 인생의 여정까지도 상상할 수 있다.

우리는 흔히 가까운 미래 — 5년에서 길어야 10년 정도 — 에 대해서는 이런저런 생각과 상상을 하는 경우가 많지만, 우리 자녀들이 나이를 먹고 가정을 꾸리고 심지어는 현재의 우리처럼 중년 이상이 될 수 있다는 점은 쉽게 상상하기 어려울 것이다. 그러나 라이프 사이클을 직접 그려 봄으로써 우리는 가족 모두가 시간의 흐름에 따라 나이를 먹고 늙고 생을 마감할 수도 있다는 사실을 인지할 수 있으며, 그럴수록 생에 대한 의미도 더욱 강력해질 것이다. 그런 의미에서 라이프 사이클을 자주 떠올리며 인생을 진지하게 고민해보는 것도 현명하게 인생을 살아가는 방법이라고 생각한다.

한편 재무선은 우리 인생을 통해 들어오고 나감을 반복하는, 들어오는 돈(수입선)과 나가는 돈(지출선)으로 구분할 수 있다. 그래서 재무선을 수입지출선으로 표현할 수도 있다.

이를 염두에 두고 위의 그래프에 수입선과 지출선을 그려 본다면, 자신과 가족의 인생이 대략 어떻게 전개될지 쉽게 파악할 수 있을 것이다.

여기서 잠깐, 여러분은 들어오는 돈(수입)과 나가는 돈(지출) 중에서 어떤 돈이 더 중요하다고 생각하는가?

사람마다 견해가 다를 수 있으나, 저자는 들어오는 돈, 즉 수입이 나가는 돈인 지출보다 더 중요하다고 생각한다. 그 이유를 말하자면 이렇다. 만일 내가 현재 월 500만 원씩 받는 직장에 다니면서 생활비로 400만 원 정도를 쓰고 나머지 100만 원은 저축이나 보험료로 나간다고 하

자. 그러다 다른 회사로 이직을 했는데 갑작스럽게 회사가 어려움을 겪게 되어 어쩔 수 없이 월 급여를 300만 원 정도밖에 못 받게 되었다. 이 경우 여러분이라면 이직하기 전처럼 한 달에 400만 원을 지출할 수 있겠는가? 아마 그러지는 못할 것이다. 수입이 줄었으니 그에 맞게 지출도 줄일 것이다. 우선 매주 하던 외식을 줄이고 필요 없는 다른 소비를 줄일 것이다. 전기요금이나 수도요금 또는 아파트 관리비를 줄이는 노력도 할 것이고 아이들 학원비도 줄일 수 있으며 저축이나 보험 등도 줄여, 수입 300만 원에 맞춰 살게 될 것이다. 이렇듯 우리는 수입에 따라 살아가기 때문에 지출보다 수입이 더 중요하다고 생각하는 것이다.

따라서 수입선과 지출선 중, 수입선을 먼저 그려가는 것이다.

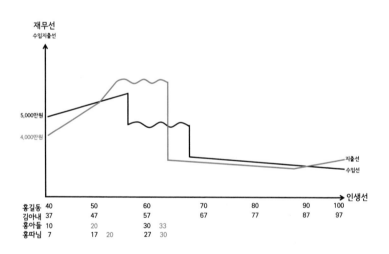

앞 그림에서 검은색 선이 인생 전반에 걸쳐 예상되는 수입선이다. 그리고 빨간색 선은 예상되는 지출선이다. 수입선은 특별한 경우를 제외하고 대개 가장의 소득에 의해 결정된다. 이 그림의 경우는, 현재 모회사

에 다니는 홍길동 씨가 50대 중반 정도까지 직장생활을 한다고 가정할 때, 현재부터 퇴직 전까지 소득이 증가함을 보여준다. 이는 직장생활을 하며 직급이 올라가고 그에 따른 급여가 상승할 것이며, 매년 또는 특정 기간을 두고 회사에서 물가상승률에 따른 임금상승률을 적용할 것이기 때문이다. 이렇게 홍길동 씨는 특별한 경우가 아니라면, 평균 퇴직 연령인 50대 중반까지 수입이 증가하다가, 퇴직 이후에 남들과 같이 자영업을 선택한다면, 퇴직 전 받았던 소득보다 30% 정도 감소할 것이다. 그리고 그 자영업을 대체로 10년 정도 지속할 것으로 예상된다. 한편, 60대 중후반 이후 자영업을 그만두며 본격적인 노후를 시작할 것이다. 노후 소득은 직장생활하는 동안 들어 놓았던 국민연금이나 기타 연금이 있다면 소득이 바닥까지 떨어지지는 않을 것이다. 이후 연금소득은 물가상승률 대비 증액되는 연금이 아니라면 수입의 가치는 서서히 하락할 것이다.

빨간색으로 그려진 지출선은 수입선과 달리 여러 변수에 의해 좌우된다. 가장 큰 변수는 가족의 생활비다. 현재는 수입보다 지출이 적겠지만, 시간이 지나면서 홍길동 씨 가족의 생활비 규모는 점점 더 커질 것이다. 우선 소득이 증가함에 따라 세금도 많아질 것이고, 아이들이 커감에 따라 식생활비와 문화생활비가 큰 폭으로 늘어날 것이다. 무엇보다 자녀들의 학년이 올라갈수록 늘어나는 공·사교육비는 지출의 절대적인 부분을 차지하게 될 것이다. 그리고 어느 시점부터는 지출이 수입을 초과하는 상황이 발생할 것이다. 아마 그 시점은 첫째가 대학에 입학하는 때가 될 것이고, 그 이후 지출이 초과하는 기간이 상당히 길어질 것이다.

우리나라 부모라면 모두가 자녀들에게 갖고 있는 두 가지 의무감 ─ 교육자금과 결혼자금 ─ 으로 인해 첫째 대학입학 시점부터 막내 결혼 시점까지 지출이 상당히 늘어날 것으로 예상된다.

그 이후 지출은 급감하다가 홍길동 씨가 노년을 맞이하는 65세 이후 부터 또다시 늘어날 것이다. 이유는 노후 의료비 때문이다. 우리나라에 서 65세 이상 노령층의 노인성 질환 발병률은 최근 급속히 증가하고 있 으며 이에 따른 사회적·개인적 비용도 크게 늘어나고 있음은 누구나 다 아는 현실일 것이다.

라이프 사이클을 구성하는 4가지 요소
인생선 vs 재무선, 수입선 vs 지출선

이렇듯 간단히 몇 가지 상황만 놓고 보더라도 우리가 인생을 살아가며 그때그때 돈의 흐름이 어떻게 이어지는지 쉽게 예측할 수 있다. 물론 모 든 사람에게 똑같이 적용되는 것은 아니지만 우리나라의 최상위 5%, 하 위 15% 정도를 제외한 80% 정도의 중산층, 서민층들은 라이프 사이클 의 수입선과 지출선의 크기와 시점에 따라 가계자금의 흐름을 어느 정 도 예측할 수 있다.

한편 라이프 사이클은 가장의 직업이나 예상 정년 시점, 자녀 수, 가장 과 첫째와의 나이 차 등 다양한 변수에 의해 여러 유형의 형태를 보이기 도 한다. 이는 라이프 사이클이 단순해 보이지만 여러 상황 변수와 접목 할 때 인생에 대해 보다 구체적인 실체를 보여줌과 아울러 해결책도 제시해줄 수 있는 수단이 될 수 있음을 시사한다. 이런 내용에 대해서는 다음 장에서 다양한 사례를 통해 살펴보기로 하자.

라이프 사이클을 잘 파악하고 미래를 적절히 준비해나간다면, 그것처럼 현명하게 인생을 살아가는 것도 없을 것이다. 그러나 아직 많은 사람이 가족과 함께하는 인생 준비에 고민과 연구가 부족한 것이 사실이다. 저자의 경험으로 미루어보면 저축이든 보험이든 미래와 만약을 대비하는 금융상품에 가입할 때, 라이프 사이클을 염두에 두는 고객들은 매우 드물었다. 자신의 인생, 특히 10년 이상의 장기적인 인생에 대해 구체적으로 생각하는 사람들이 거의 없었다.

우리 모두는 더 행복한 인생을 꿈꾸며 열심히 살려고 애쓴다. 하지만 계획하지 않고 준비하지 않는 인생을 살아가기에는 예측할 수 없는 '인생의 지뢰'가 너무 많이 산재해 있다. 라이프 사이클을 조금만 눈여겨보며 준비한다면 인생 곳곳에 숨겨진 어려움의 시기와 위험의 상황을 잘 비켜 갈 수 있으며 궁극적으로 행복한 인생이라는 우리의 목표와 멋지게 조우하리라고 생각한다. 그러니 조금만 시간 내서 나의 인생, 가족의 인생에 관해 공부하고 연구해 보자.

막연한 노후 설계의 실체화

인생은 생로병사?

새해에 가장 많이 하는 덕담이 무엇일까? "사업 번창하거라…", "올해
는 더욱 공부 열심히 하고…"이런 덕담들도 많이 듣지만 가장 많이 듣는
덕담은 단연코 "새해에도 몸 건강해라" 또는 "새해에도 더욱 건강하세
요"일 것이다. 특히나 요즘처럼 코로나19가 활개 치는 세상에서 건강의
중요성은 두말할 나위 없을 것이다. 따라서 건강은 우리 인생에서 떼려
야 뗄 수 없는 중요한 요소이다.

이렇듯 중요한 건강 관점에서 인생을 펼쳐 본 것이 바로 메디컬 사이
클이다. 일반적으로 우리 인생을 생로병사라고 이야기한다. 그러나 우리
인생 여정에 생로병사로 끝을 맺는 경우만 있을까? 우리는 태어나서 죽
기까지 다양한 경로를 거친다. 저자는 이것을 두 가지 케이스로 구분해
봤다. Good case와 Bad case이다.

Good case는 말 그대로 좋은 상황인데, 생→노→사처럼 태어나서 늙
고 죽는 삶이다. 평생 큰 병치레를 하지 않는 것으로 태어나서 죽을 때

까지 복 받은 삶 그 자체일 것이다.

　그다음 Good case는 일반적으로 이야기하는 인생인 생→노→병→사이다. 저자가 일반적으로 이야기하는 생로병사를 Good case라고 하는 것에는 이유가 있다. 그만큼 생로병사로만 일생을 마치는 경우가 드물기 때문이다. 아랫단에 있는 Bad case를 보자.

　① 태어나서 늙기 전에 죽음(생→사)
　② 태어나서 늙기 전에 병들어 죽음(생→병→사)
　③ 태어나서 온갖 병치레를 하고 죽음(생→병→병→사)
　④ 태어나서 병들고 늙고 또 병들어서 죽음(생→병→노→병→사)
　⑤ 태어나서 늙고 온갖 병치레를 하고 죽음(생→노→병→병→사)

　이렇게 보면 우리 인생 여정에서 Good case보다 Bad case가 훨씬 더 많다고 말할 수 있다.

　이처럼 우리 인생에 있어서 병은 떼려야 뗄 수 없는, 평생 함께하는 동반자이다. 이런 관점에서 우리가 평생을 살아가며 우리 주변에 어떤 질병들이 우리를 위협하고 또 그런 상황에서 어떻게 하면 슬기롭게 대체할 수 있는가를 눈으로 볼 수 있다면 나름 슬기로운 투병 생활을 이어갈 수 있을 것이다.

인생 여정에는 생로병사 말고도 다양한 길이 있다.

메디컬 사이클이란?

앞서 설명한 라이프 사이클은 다양한 형태의 그래프로 나타나지만 메디컬 사이클, 즉 누구나 똑같이 태어나서 죽는 사람의 건강이라는 것은 그 모양새가 다 같다고 말할 수 있다. 메디컬 사이클은 라이프 사이클처럼 가로축에 인생선을 놓는다. 그리고 태어나서 0세부터 20년 단위로 쭉 그린다. 그리고 세로선을 건강지수라고 놓는다. 여기서 건강지수라는 것은 얼마나 건강하냐는 의미이다. 예를 들어서 건강지수가 100점이라는 것은 우리 인생을 살아가며 가장 건강할 때를 이르는 것이다.

그렇다면 우리가 살아가며 가장 건강할 때가 언제쯤 될까? 바로 20대 전후에서 가장 건강하다고 한다. 따라서 그때를 건강지수 100점으로 놓는다. 그리고 인간이 태어나는 시점을 건강지수 20점으로 놓는다. 20점의 의미는 '내 의지대로 움직일 수 있느냐 없느냐'를 기준으로 삼고 있다. 아이는 처음 태어나면 본인의 의지대로 움직일 수 없지만, 한 살 정도 되면 본인이 가고자 하는 곳으로 움직일 수 있다. 그때가 바로 건강지수 20점인 시점이다. 그래서 인간은 태어나면서 20년 동안 폭풍 성장을 하고, 20대 중후반부터 서서히 노화가 시작된다. 우리 주변의 운동선수들을 보면 채 30세가 되기 전에 은퇴하는 경우를 많이 볼 수 있는데, 20대 중후반부터 신체적 노화가 진행되므로 최상의 육체적 에너지 발휘가 어려워지기 때문이다.

메디컬 사이클(건강관점에서 본 인생)

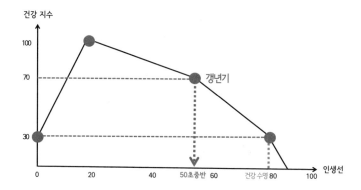

한편 우리 인생에서 건강지수가 70점이 되는 시점을 갱년기라고 한다. 갱년기의 의미는, 바뀔 갱(更), 인생 년(年) 자를 써서, 우리 인생이 바뀐다는 뜻이다. 아울러 갱년기의 사전적 의미는 '성호르몬의 감소, 즉 남성은 테스토스테론, 여성은 에스트로겐이 급격히 감소하면서 신체적 능력이 크게 떨어지는 시기'를 일컫는다.

나이에 따른 성호르몬의 변화를 보면 남성의 테스토스테론은 40대부터 시작해서 70, 80대까지 완만하게 줄어든다. 반면 여성의 에스트로겐은 폐경을 전후해 급격히 줄어들었다가 그 상태로 쭉 이어 간다. 그래서 남성의 갱년기는 성호르몬이 서서히 떨어지기 시작하는 40대 중 후반부터 시작해서 60대까지 쭉 이어지고, 여성의 경우는 폐경을 전후로 50대부터 2, 3년간 이어진다. 이런 갱년기에 대해 여성이 더 민감한 반응을 일으키게 되는데 그 이유는 짧은 기간 동안 급격히 오다 보니 예민한 반응을 일으키기 때문이다.

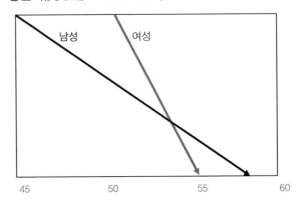

갱년기(更年期 : 바뀔 更, 인생 年)

남성   여성

45   50   55   60

　이렇듯 갱년기에는 여성이든 남성이든 많은 정신적 육체적 변화를 겪고 그것을 통해서 힘든 시기를 보내게 된다. 가장 신체적인 변화가 크게 나타나는 것이 바로 성적 능력의 퇴화이다. 어찌 보면 자연상태에서 인간을 포함한 모든 동물은 그 존재의 이유가 종족 번식이다. 이 종족 번식의 본능이 사라지면 그에 따라 육체적 퇴화도 거스를 수 없는 것이다. 즉 갱년기의 또 다른 의미는 '종족 번식을 그만하라는 자연의 섭리'라고 볼 수도 있을 것 같다. 이와 같은 예는 우리 주변에서도 흔히 볼 수 있는데, 집에서 키우고 있는 강아지나 고양이도 갱년기를 겪는다. 대체로 갱년기는 전체 수명의 80~90% 시점에서 나타나기 시작한다고 하니 강아지나 고양이의 평균 수명이 10세라면 이들은 8세 정도까지 새끼를 낳을 수 있다. 그리고 가임(可妊) 기간이 지난 후, 즉 갱년기가 지난 후 나머지 수명의 10~20% 정도까지 살고 죽음에 이르게 된다.

메디컬 사이클

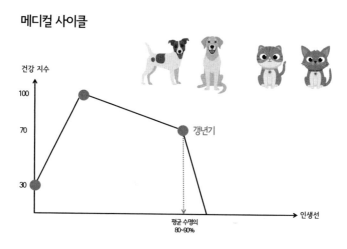

건강 지수

100

70   갱년기

30

평균 수명의
80~90%

인생선

하지만 인간은 갱년기 이후에도 30년에서 50년 이상 더 살 수 있다. 그것은 바로 현대 의학 덕분이다. 과거 우리 조상님들의 평균 수명을 보더라도 50세 전후였다. 갱년기와 함께 육체적 기능이 급격히 쇠락하고 각종 질병에 노출되며 사망에 이르렀다. 하지만 지금은 다르다. 각종 의학과 과학의 발달로 갱년기 이후의 삶이 이어지며 평균 수명도 기하급수적으로 늘어나고 있다. 이는 인류만이 갖는 특혜라고 말할 수밖에 없다. 만일 집에서 기르는 강아지나 고양이들도 갱년기 이후에 인간처럼 건강관리를 잘 한다면 평균 수명이 지금보다 5~10년 정도 더 늘 수가 있을 것이다.

현대 의학이 인간의 수명을 연장시키고 있다.

실버 사이클이란?

 우리 건강이 급격히 나빠지기 시작하는 갱년기 이후의 삶을 그려낸 것이 바로 실버 사이클이다.

 실버 사이클을 그리는 방법은 우선 노후가 시작되는 65세부터 평균수명인 85세까지 가로선을 그려간다. 이것을 노후 인생선이라 놓는다. 그리고 세로선을 노후 건강지수라 놓고 노후 건강지수는 100점, 70점, 30점으로 세 단계로 구분한다. 이렇게 세 단계로 구분하는 이유는, 노후가 시작된 이후부터 사망 시점까지 우리 몸이 크게 두 번 정도 안 좋아지는 시점을 맞이하게 되기 때문이다. 그리고 첫 번째 시점까지를 노후 활동기라 하고, 두 번째 꺾이는 점까지를 노후 쇠퇴기 그리고 마지막 사망 시점까지를 노후 간병기라고 놓는다.

 이런 단계를 거쳐서 우리는 노후 생활을 마치고 인생을 마치게 되는 것이다.

실버 사이클(노후 건강 관점에서 본 인생)

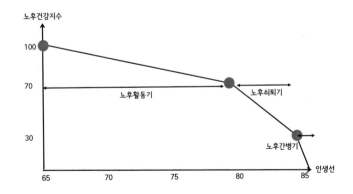

3사이클은 우리 인생의 손전등

여러분들은 실낱같은 불빛조차 없는 캄캄한 밤길을 걸어본 적이 있는가? 저자는 과거 어린 시절 시골에 있는 할아버지 댁에서 별빛조차 없었던 캄캄한 밤길을 걸어본 적이 있었다. 사촌과 동생의 손을 잡고 더듬거리며 시골길을 걸어갔던 기억이 있다. 그 당시 무척이나 두려웠다. 흔히 말하듯, 귀신이 나타날까 봐 두려웠던 것이 아니라 한 치 앞도 보이지 않고 사촌의 손에 이끌려 발길을 걸으며 전혀 앞을 내다볼 수 없었기 때문이었다.

만일 지금의 스마트폰 손전등이 있었다면 별 두려움 없이 앞길로 나아갈 수 있었을 것이다. 모든 것이 훤히 보이기 때문이다. 앞에 개울이 있으면 피해 가고 돌부리가 있다면 넘어가면 된다. 어떤 장애물이 나타나더라도 손전등을 통해 대비할 수 있기 때문이다.

우리 인생도 마찬가지다. 앞날을 전혀 예측할 수 없는 우리의 인생이기에 막연한 두려움이 누구나 존재한다. 하지만 우리 인생의 손전등을 비추어 언제, 어느 때쯤, 어떤 어려움과 위협이 숨어 있는지 파악할 수 있다면 훨씬 편하고 안전하게 우리 인생길을 걸어갈 수 있을 것이다. 그래서 3사이클은 바로 우리 인생의 손전등이다.

지금부터는 인생의 손전등을 켜고 앞으로 펼쳐질 미래를 예측하며 그려 보자.

제2장

라이프 사이클로 풀어가는
인생 그래프

40 50
스스로 그려가는
나의 인생 그래프

나는 언제까지 수입을 얻을 수 있을까?
- 수입선 그리기

▎평범한 사람들의 일생과 자금 흐름

사람들은 저마다 가치관이 다르며 그만큼 살아가는 모습도 천차만별이다. 그리고 개개의 가치관보다는 그나마 실체적, 구체적이라 할 수 있는 '돈'의 측면에서도 각자 처한 여건이 다르고 수입과 지출의 규모 및 시점도 다를 수밖에 없다. 이렇듯 누군가의 인생을 일반화하기란 여간 어려운 일이 아니다. 아니, 아예 불가능한 일일지도 모른다. 하지만 일생에 걸쳐 들어오고 나가는 '자금의 흐름' 측면에서는 어느 정도 일정한 패턴을 발견할 수 있을 것이다. 물론 개인의 특수한 사정에 따라, 혹은 가장의 사망과 같은 치명적인 사건으로 인해 일반적인 형태와는 아주 다른 모습의 자금 흐름이 생겨나기도 하지만 이 역시 라이프 사이클상에 어렵지 않게 적용할 수 있는 부분이다. 라이프 사이클은 일생에 걸쳐 예상되는 자금의 흐름을 미리 가늠해보고 이에 대비하며 궁극적으로 인생의 의미를 다시금 되새겨볼 계기를 마련해주는 수단이다. 그런 의미에서 앞서 언급했듯 각자의 라이프 사이클을 연구하고 그것을 통해 인생의 준비를 하는 것은 현명한 삶을 살아가는 하나의 확실한 방법이라고 할 수 있다. 이번 장에서는 가장 흔히 볼 수 있는 일반적 유형의 라이프 사이클을 제시하고 대한민국 대표 가정인 홍길동 씨 가족의 구체적인 사례를 들어 설명하고자 한다.

:: 근로소득자 홍길동 씨의 사례

- 가족 사항: 홍길동(40세), 김아내(37세), 홍아들(10세), 홍따님(7세)
- 직장 사항: 홍길동 씨는 ○○전자 입사 11년 차 과장, 55세 현 직장 퇴직 후, 약 10년간 개인사업 예정
- 경제 현황: 현재 연 소득 5,000만 원, 월 생활비 300만 원, 저축·보험 100만 원

대한민국 대표 가정, 홍길동 씨 가족

이런 경우 홍길동 씨의 라이프 사이클은 어떻게 펼쳐질까? 한번 연구해 보도록 하자.

우선, 어느 정도 보관이 가능한 백지를 찾아보자. 아니면, 인생 주기는 시간이 경과함에 따라 또는 인생을 어떻게 설계하는가에 따라 달라질 수 있으므로 인생 설계 노트를 준비해보는 것도 괜찮을 것 같다. 노트를 가로로 놓고, 아래 그림처럼 가로에 인생선과 세로에 재무선을 긋는다. 재무선은 다른 말로 수입지출선이라고도 한다. 그리고 좌측 하단의 접점에 가족들의 이름과 나이를 적는다. 이후 시간 경과에 따라 가족들의 나이를 적어나간다. 가능하면 10세 단위가 좋을 듯하다. 아울러 100세 시대에 맞게 90세 이상으로 나이를 적어나간다.

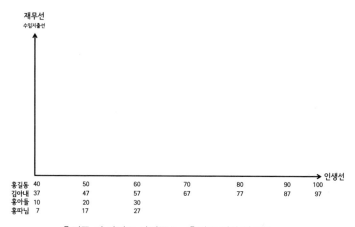

재무선 수입지출선								

							인생선
홍길동	40	50	60	70	80	90	100
김아내	37	47	57	67	77	87	97
홍아들	10	20	30				
홍따님	7	17	27				

홍길동 씨 라이프 사이클 1 – 홍길동 씨와 가족들

다음으로 홍길동 씨의 수입선을 그려가 보자. 홍길동 씨는 50대 중반 정도에 퇴직하고 대략 10년간 회사와 유관한 업체를 운영하는 게 목표다. 그리고 60대 중반쯤에는 완전히 은퇴해 배우자와 멋진 노후 생활을 하고자 한다.

좀 더 세부적으로 홍길동 씨의 예상 수입에 관해 설명한다면, 현재 홍길동 씨의 연 소득은 현재 5,000만 원 정도이다. 그리고 이 소득은 시간이 지남에 따라 서서히 올라갈 것이다. 이유는 첫째, 회사에서 매년 임금을 올려주기 때문이고, 두 번째는 홍길동 씨의 직급과 호봉이 꾸준히 올라갈 것이기 때문이다.

그렇다고 홍길동 씨의 소득이 끝도 없이 계속 올라가지는 않을 것이다. 아마 퇴직할 때까지는 올라갈 수 있을 것이다.

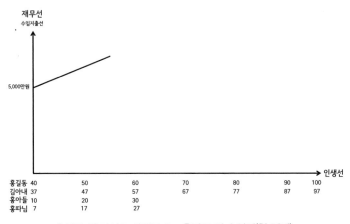

재무선
수입지출선

5,000만원

인생선

홍길동	40	50	60	70	80	90	100
김아내	37	47	57	67	77	87	97
홍아들	10	20	30				
홍따님	7	17	27				

홍길동 씨 라이프 사이클 2 – 홍길동 씨 수입선(현 직장)

여기서 재미있는 통계가 하나 있다. 우리나라 근로소득자들이 평균 연 소득을 비교해보면 다음 도표처럼 나이가 들수록 연 소득은 높아진다. 그런 후 대체로 50대 중후반 이후부터는 다시금 낮아진다. 이 도표를 통해 우리나라 근로소득자들의 평균 연 소득을 산정해 보면 대체로 자기 나이 X 100만 원 정도의 연 소득을 받는다고 할 수 있다. 예를 들어 30세의 신입사원은 30 X 100만 원 = 연 3천만 원, 40세 과장은 40 X 100만 원 = 연 4천만 원, 50세 부장은 5천만 원 정도를 평균적으로 받는다는 의미다. 대기업은 평균보다 조금 높고 중소기업은 평균보다 조금 낮다고 한다. 그러다가 기업이나 공직에서 물러나는 60대 이후부터 근로소득이 급격히 줄어들게 되는 것이다.

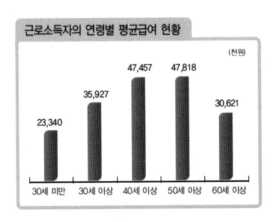

근로소득자의 연령별 평균급여 현황

(천원)

- 30세 미만: 23,340
- 30세 이상: 35,927
- 40세 이상: 47,457
- 50세 이상: 47,818
- 60세 이상: 30,621

한편 홍길동 씨는 언제쯤 퇴직을 할까? 여기서 우리는 우리나라 근로소득자의 퇴직 시점에 대해 자세히 알아볼 필요가 있다.

다음 도표는 우리나라와 유럽국가의 퇴직 연령을 비교한 내용이다. 옅은 색의 막대그래프는 규정 퇴직 연령이고 짙은 막대그래프는 실제 퇴직 연령이다. 유럽 주요국들의 실제 퇴직 연령은 상당히 높음을 알 수 있다. EU 평균은 65세로 57.4세인 우리나라보다 8년 정도 길게 일한다.

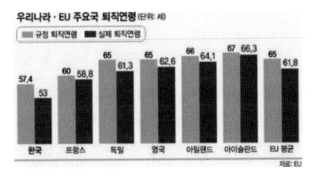

우리나라 · EU 주요국 퇴직연령 (단위: 세)

규정 퇴직연령 / 실제 퇴직연령

- 한국: 57.4 / 53
- 프랑스: 60 / 58.8
- 독일: 65 / 61.3
- 영국: 65 / 62.6
- 아일랜드: 66 / 64.1
- 아이슬란드: 67 / 66.3
- EU 평균: 65 / 61.8

자료: EU

최근 들어 국내 기업들의 정년 연한이 길어지기는 하고 있으나 60대 중후반까지 정년을 규정한 회사는 별로 없는 것이 현실이다.

한편 실제 퇴직 연령 역시 우리나라가 유럽 주요국보다 훨씬 짧다. EU 평균이 61.8세인 것에 비해 우리나라는 53세로 10년 가까이 차이가 난다. 규정 퇴직 대비 실제 퇴직 시점 비율을 보면 EU는 규정 퇴직 시점 대비 95% 시점에 퇴직하는 반면, 우리나라는 92% 시점에 퇴직을 한다. 규정 퇴직 기한도 짧을뿐더러 그마저도 유럽 주요국에 비해 다 못 채우고 나온다는 의미이다.

아마 홍길동 씨가 퇴직할 즈음 해서는 실제 정년 연한이 좀 길어져 55세 이상 시점에 퇴직할 것으로 보인다. 그리고 퇴직 시점까지 연 소득은 매년 3% 정도의 물가 상승률을 감안하면 55세 시점에 대략 8,000만 원 정도 받을 수 있을 것이다.

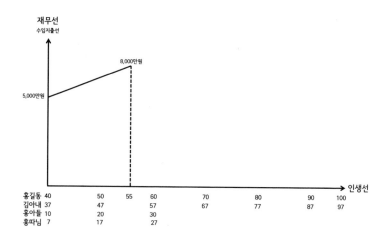

홍길동 씨 라이프 사이클 3 - 홍길동 씨 예상 퇴직

자 그렇다면 홍길동 씨는 현재 다니는 직장에서 퇴직 후 어떤 일을 하게 될까? 아래 BOOK in book 1과 2를 통해 퇴직 후 일자리에 대해 보다 자세히 살펴보자.

우리나라 사람들이 선택할 수 있는 직업의 형태

2022년 현재 우리나라 사람들이 선택할 수 있는 직업의 형태는 크게 세 가지가 있다. 첫째, 가장 많은 사람이 몸담은 근로소득자이다. 근로소득자란 '나의 노동력을 타인에게 제공'하고 그 대가로 경제적인 이익을 얻는 직업이다. 대략 우리나라 전체 직업의 65%~70% 정도를 차지하고 있다고 한다.

두 번째는 사업자이다. 흔히 개인 사업자 또는 자영업자로 불리며 '자신의 노동력과 자본력을 자기 자신에게 투자하여 소득을 얻는 직업'이다. 자영업자들의 구체적인 직업 형태들은 매우 다양해 주변에서 쉽게 찾아볼 수 있다. 동네 편의점이나 슈퍼마켓 그리고 흔히 볼 수 있는 치킨집, 식당 등 헤아릴 수 없이 많다. 통계적으로 대략 25%~30% 정도가 이 직업의 형태로 일을 하고 있다.

마지막으로는 실업자이다. 실업자란 '일을 하고자 하는 의지와 능력은 있으나 현재 직업이 없는 사람'이다. 직업 전선에서 완전히 은퇴한 노후 계층이나 학생, 군인을 제외한, 일할 수 있는 연령대에서 직업을 찾지 못한 사람들로 대략 5% 내외 정도다. 따라서 경제 활동이 가능한 우리나라 인구의 95% 정도는 근로소득자나 사업자로 일하고 있다.

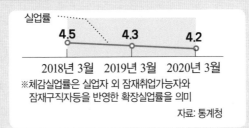

실업률

4.5 4.3 4.2

2018년 3월 2019년 3월 2020년 3월
※체감실업률은 실업자 외 잠재취업가능자와
잠재구직자등을 반영한 확장실업률을 의미
자료: 통계청

여기서 한 가지. 근로소득자든 사업자든 일의 내용은 같지만, 소득의 형태에 따라 어떤 사람은 근로소득자가 되고 어떤 사람은 사업자가 될 수 있

2021년 3월 고용동향   (단위:천명)

인구 구성		인원	고용지표
총인구		51,781	
	생산가능인구(A)	45,007	고용률 (C/A) 59.8%
	경제활동인구(B)	28,138	
	취업자(C)	26,923	
	실업자(D)	1,215	
	비경제활동인구	16,869	실업률 (D/B) 4.3%
	14세이하 등 인구	6,774	

총인구는 2020년 기준   자료:통계청

다. 예를 들어서 ○○병원 내과에 근무하는 김○○ 과장은 근로소득자일 것이다. 병원으로부터 매월 일정한 급여를 받기 때문이다. 반면 우리 동네에 있는 박○○ 내과 원장은 사업가이다. 그의 노동력과 자본력을 자신의 병원에 투자하여 사업을 영위하고 있기 때문이다. 만일 박○○ 원장이 다른 의사를 고용하고 있다면 그 의사는 근로소득자가 될 것이다. 이렇듯 같은 일을 하지만 소득의 원천이 어디서부터 오느냐에 따라 근로소득자와 사업자로 나뉠 수도 있다.

한편, 사업자 또는 자영업자의 경우 정해진 정년이 없으므로 근로소득자와 수입선은 조금 다른 형태를 띠게 된다. 이 부분은 다음 장에서 자세히 설명하기로 하자.

이렇게 보면 홍길동 씨는 앞으로 15~20년간 현재 직장을 다니다 50대 중후반에 퇴사한다고 가정해 보자.

홍길동 씨는 퇴사 후 어떻게 살아갈까? 은퇴했으니 그때부터 모든 일에서 떠나 자유를 만끽하며 살아갈 수 있을까? 안타깝지만 그런 현실을 마주하기란 쉽지 않을 것이다. 나중에 설명하겠지만 자녀 교육자금, 결혼자금 등 큼직한 자금 사용처들이 줄줄이 기다리고 있고, 기대수명이 길어져 100세 시대를 운운하는데, 50대 중후반부터 한가롭고 풍요로운 노후를 기대하기란 쉽지 않을 것이다.

그렇기에 회사를 떠나는 시점부터 인생 2모작을 준비하고 시작해야 할 것이다. 그렇다면 홍길동 씨는 인생 2모작을 어떤 일로 준비할까?

라이프 사이클 연구소의 연구 결과에 따르면, 50대 퇴직 후 10% 내외만이 다른 곳으로 재취업을 한다. 그리고 10% 정도는 아예 그때부터 아무 일자리를 찾지 않는다고 하고, 나머지 80% 가까운 퇴직자들은 개인사업을 시작한다고 한다. 그러니 인생 2모작은 대부분 개인 사업자 또는 자영업자로 시작하는 것이다.

좀 더 구체적으로 어떤 일들을 할까? 우리나라의 자영업자 비율이 높은 이유 중 하나는 앞서 도표(47쪽)에서 보았듯이 직장에서 퇴사하는 연령이 빨라지면서 자영업 전선에 들어서는 시기가 앞당겨졌기 때문이다.

그러면 홍길동 씨가 야심 차게 자영업을 시작하면 연 소득은 어떻게 될까? 전에 다니던 회사보다 많이 받을까, 적게 받을까? 라이프 사이클 연구소의 연구 결과에 따르면 대체로 28%의 소득 감소율이 나타났다. 즉 전에 다니던 직장보다 소득이 30% 가까이 떨어진다는 것이다. 그 이유로는 우리나라에 너무 많은 자영업자 수와 경험 부족, 사업자금 부족 등이 원인으로 나타났다. 그러다 보니 희망차게 시작한 인생 2모작은 오히려 더 큰 경제적 압박으로 되돌아오고 만다.

BOOK in book 2.

우리나라 자영업 현황

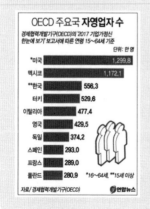

우선 2017년 OECD 자료 기준으로 연합뉴스에 보고된 바에 의한 자영업자 현황을 잠시 살펴보면 OECD 주요국 자영업자 수는 미국이 가장 많다. 두 번째가 멕시코이고 우리나라가 세 번째다. 그러나 미국의 인구가 3억3천만 명으로 세계 3위이고, 멕시코의 인구도 1억 3천만 명으로 세계 10위이다. 우리나라의 인구는 5,200만 명으로 미국의 1/6,

멕시코의 1/2 수준임을 감안하면 자영업자 수가 매우 많은 편에 속한다. 그 아래 OECD 주요국의 경제 활동 인구 중 자영업자의 비율을 보면 보다 명쾌해진다. 자영업자의 비율이 가장 높은 곳이 그리스, 터키 그리고 우리나라이다. 그리스의 경우 전체 인구 중에 34% 정도가 자영업을 하고 있으며, 터키도 33%에 육박한다. 그리스와 터키의 자영업자 비율이 높은 이유는 두 나라 모두 관광업에 종사하는 사람들이 많고, 관광업이 소상공인들 위주로 되어 있기 때문에 자영업자의 비율이 높은 것이다. 하지만 우리나라의 경우 그리스나 터키와 다른 관점에서 자영업자의 비율이 높다. 이유는 앞서 설명했듯이 근로소득자들의 정년 연한이 짧아 조기 퇴직하다 보니 자영업자의 비율이 높은 것이다. 이렇게 조기 퇴직을 통해 자영업자가 양산되다 보니, 자영업에 대한 사업 능력이 떨어지고 자본력이 부족하여 자영업자의 경제적 어려움이 커질 수밖에 없다.

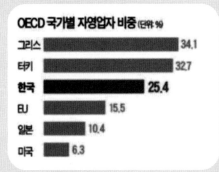

한편 자영업자의 사업 형태를 보면 대부분 도소매업과 부동산임대업, 숙박 음식업 등에 종사하고 있다. 특히 부동산임대업을 제외한 도소매업, 숙박, 음식업 등은 대부분 소규모의 영세 사업자들로 이루어져 있는 것을 알 수 있다.

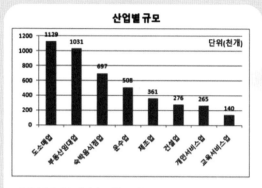

산업별 규모

우리나라 자영업4대 산업은 전체 산업에서 70.3%
도소매업(23.6%), 부동산임대업(21.5%), 숙박음식점업(14.6%), 운수업(10.6%)

이렇듯 영세한 부분을 알 수 있는 것이 자영업자의 매출액인데, 50%가 넘는 자영업자들이 연간 소득은 4천만 원 이하이다. 그러다 보니 자영업자의 대출 금액은 점점 늘어나고 있으며 경제적 어려움의 실상을 나타내고 있다.

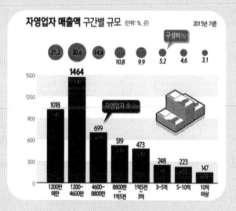

자영업자 매출액 구간별 규모

한편, 아래 도표는 40대 자영업자와 근로소득자의 소득과 지출 현황인데 근로소득자의 경우는 앞서 말했지만 꾸준히 증가하는 추세이다. 이는 바로 물가 상승률이나 최저 시급의 상승에 따라 매년 조금씩 상승하나 자영업자의 소득은 과거나 지금이나 큰 차이가 없음을 볼 수 있다.

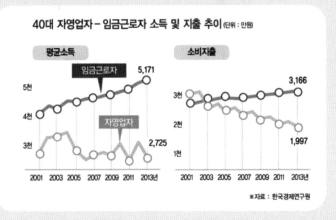

40대 자영업자 - 임금근로자 소득 및 지출 추이 (단위 : 만원)

평균소득

임금근로자 5,171

5천

4천

자영업자

3천

2,725

2001 2003 2005 2007 2009 2011 2013년

소비지출

3,166

3천

2천

1,997

1천

2001 2003 2005 2007 2009 2011 2013년

※자료 : 한국경제연구원

그러다 보니 근로소득자들의 지출에 비해서 자영업자의 소비 지출 현황은 극심하게 떨어지고 있는 것이 현실이다. 이런 통계를 종합해 볼 때 자영업자들은 근로소득자들보다 경제적으로 어려움을 겪고 있다는 것을 알 수 있다.

다시 본론으로 돌아와, 홍길동 씨의 소득은 다음 도표에서 보는 것처럼 8천만 원에서 30% 정도 하락한 5천만 원 남짓 정도가 될 것이다.

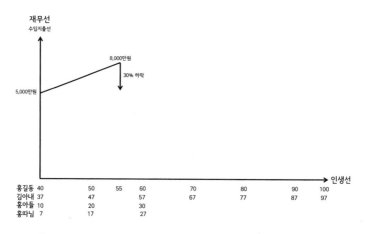

재무선
수입지출선

8,000만원

30% 하락

5,000만원

인생선

홍길동	40	50	55	60	70	80	90	100
김아내	37	47		57	67	77	87	97
홍아들	10	20		30				
홍따님	7	17		27				

홍길동 씨 라이프 사이클 4 – 홍길동 씨 퇴직 후 어떤 일을 할까?

그리고 이후 홍길동 씨는 새로운 사업을 통해 매년 5천만 원 내외의 소득을 쭉 이어갈 것으로 예상된다.

그렇다면 홍길동 씨는 이 일을 언제까지 할 수 있을까? 앞서 BOOK in book 2에서 살펴보았듯이 우리나라 자영업자들은 1차 사회적 정년 이후 대체로 10년 가까이 현 사업 종사를 하는 것으로 나타났다. 라이프 사이클 연구소에서 조사 결과 1차 사회적 정년 이후 평균 11.2년 정도 새로운 사업을 운영하는 것으로 나타났다.

10년 이상 사업을 영위하기 어려운 이유는, 첫 번째로 건강 악화를 들 수 있다. 가장인 남자의 대부분은 60대 초중반부터 건강이 급격히 나빠지기 시작해 60대 중후반이 되면 일을 할 수 없을 정도의 큰 육체적 위기를 맞게 된다. 암이나 뇌혈관질환, 심장질환 등 한국인의 3대 사망 질환을 겪게 되고, 기타 질환들도 갱년기 이후 급격히 우리 몸을 잠식하고 있어 과거처럼 열정적으로 일하기 어려워지기 때문이다.

두 번째 이유는 홍길동 씨가 60대 중후반이 되면 자녀들이 결혼할 나이가 되기 때문이다. 나중에 결혼자금에 관해서 설명하겠지만 우리나라 신혼부부 한 쌍이 필요한 결혼자금은 대체로 2억5천에 가깝다. 한 쌍이 2억5천이니 1인당 1억2천만 원 이상은 필요하다. 과연 20대 중후반 이후 취업하여 30대 초반까지 6~7년 동안 1억 이상의 결혼자금을 모을 수 있을까? 대단히 어려운 실정이다.

그래서 그때가 되면 건강도 안 좋아지고 자녀도 결혼할 상황이 되기 때문에 사업을 접고 본격적인 노후 생활을 영위하게 되는 것이다. 바야흐로 2차 사회적 정년이 다가온 것이다.

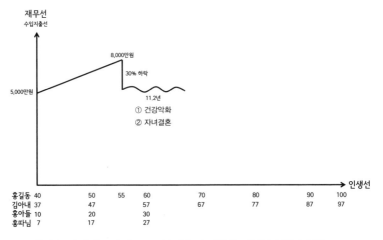

홍길동 씨 라이프 사이클 5 - 홍길동 씨 퇴직 후 자영업 시작과 종료

이후 홍길동 씨는 특별한 일을 가지지 않고 그에 따라 소득도 크게 줄어들 것이다. 국민연금이나 퇴직연금 그리고 보험회사나 은행 등 금융기관에 가입했던 연금소득이 있어 노후 소득이 바닥까지 가지는 않을 것이다.

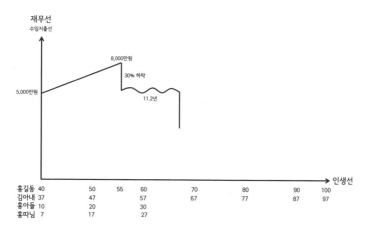

홍길동 씨 라이프 사이클 6 – 홍길동 씨 자영업 종료 후 연금소득 의존

이후 국민연금은 물가 상승률이 반영되나 퇴직연금이나 사적연금은 확정된 금액을 받기에 실제 돈 가치는 하락하며 서서히 떨어질 것이다.

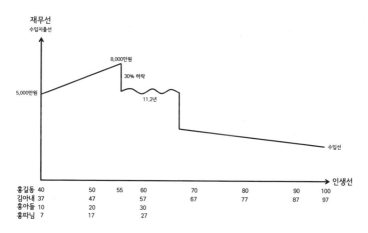

홍길동 씨 라이프 사이클 7 – 홍길동 씨의 수입선

이렇듯 홍길동 씨 가정의 수입선이 완성되었다. 비단 홍길동 씨 가정 뿐만 아니라 우리나라 가정 대부분의 수입선도 위와 같은 모습과 크게

다르지는 않다. 다만 가장의 직업이 근로소득자냐 자영업자냐에 따라 조금 달라질 수 있고, 맞벌이냐 외벌이냐에 따라 조금 달라질 수 있다. 직업별 수입선의 다른 모습은 다음 장 '다양한 유형의 라이프 사이클'에서 자세히 설명하도록 하겠다.

내가 번 돈은 다 어디로 가는가?
-지출선 그리기

홍길동 씨 가정의 지출선은 어떻게 그려질까? 일반적으로 대부분의 가정은 수입보다는 지출이 적다. 수입에서 지출하고 남는 돈으로 저축도 하고 보험도 들며 다양한 추가 소비를 통해 경제적 만족을 추구해나간다. 따라서 얼마나 버느냐가 최대 관심사이기도 하다. 하지만 특정한 시기가 되면 지출이 수입을 초과하는 상황이 발생한다. 또한 수입은 일정한 흐름을 지니고 있지만 지출은 변동 요인이 훨씬 많다. 즉, '얼마나 버느냐'를 예측하기는 쉬우나 '얼마나 쓰느냐'를 예측하기는 매우 어렵다는 뜻이다. 그렇기에 지출이라는 것은 수입 이상으로 중요하다.

이번 장에서는 지출선을 그려가며 홍길동 씨 가정의 미래의 재무 상태를 예측해 보겠다.

우리나라 사람들의 지출 형태

하루하루 열심히 일해서 돈을 벌지만, 쓸 때는 허무하게 사라지는 느낌은 누구나 다 경험해 봤을 것이다. 도대체 돈은 어디로 사라지는 걸까? 돈을 많이 버는 것도 중용하지만 잘 쓰는 것도 재무설계에 있어 매우 중요하다. 도대체 그 돈이 어떻게 쓰이는지 보며 소비 지출에 대한 분석이 꼭 필요하리라 생각한다.

우선 저자는 우리 국민의 지출 패턴을 세 가지 형태로 나눈다. 일회성 지출, 교체성 지출 그리고 환급성 지출이다. 일회성 지출은 일상생활을 하며 여러 곳으로 나가는 형태의 지출이다. 가장 큰 비중을 차지하는 외식비를 포함한 식비, 유류비를 포함한 교통비, 통신비, 교육비, 대출 이자, 관리비 등을 포함한 공과금, 의류나 신발 구입에 드는 잡화비, 각종 교류를 위해 쓰이는 품위 유지비, 경조사비, 부모님 용돈 등 등이 여기에 해당된다. 두 번째 교체성 지출은 일정한 기간을 두고 교체해야 하는 가정용품들에 들어가는 지출이다. 예를 들어 자동차, 가전제품, 가구 등 큰돈이 들어가지만, 일정한 기간이 지나야 드는 비용이다. 참고로 우리나라의 평균 자동차 교체 기간은 5.8년 정도이고, 가전제품은 종류에 따라 다른데 보통 5~10년 정도, 가구는 8~15년 정도의 주기를 두고 교체한다고 한다. 마지막이 환급성 지출로 나중에 돌아올 수 있는 것에 대한 지출이다. 은행이나 보험회사 등을 통해 들어가는 저축, 보장 용도를 들어가는 보험, 노후를 대비하는 연금 등이 이에 해당된다. 아울러 이런 세 가지 유형의 지출 패턴은 2019년 라이프 사이클 연구소에 의하면 일회성 지출이 66%, 교체성 지출이 8%, 환급성 지출이 26% 정도에 해당하는 것으로 조사되었다.

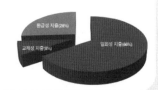

국민들의 지출 패턴

- 환금성 지출(28%)
- 교체성 지출(9%)
- 일회성 지출(66%)

소비지출 비목별 구성비 (단위: %)

소비지출

- 가정용품 가사서비스 4.9
- 의류·신발 4.4
- 주류·담배 1.5
- 식료품 비주류음료 15.9
- 통신 5.0
- 주거·수도·광열 14.0
- 오락·문화 5.7
- 기타상품 서비스 8.1
- 음식·숙박 12.1
- 교육 8.4
- 교통 11.2
- 보건 8.9

한편, 2021년 통계청 조사 결과에 따르면 일회성 지출과 교체성 지출을 포함해 12가지 비목으로 구분하니 식료품비, 주거 수도·광열비, 음식 숙박 (외식비), 교통비, 보건의료비, 교육비 순으로 나타났다.

우리나라 사람들의 지출 패턴 중 특이한 사항은 자녀 교육비에 대한 부담이 매우 크다는 것이다. 물론 앞서 언급한 대학교 입학 이후 비용은 차치하고라도, 초중고 재학시절 사교육비의 과다 지출은 큰 문제가 되고 있다.

아래 도표는 라이프 사이클 연구소의 연구 결과로 우리 국민 대부분이 자녀의 유년기 시절부터 사교육을 하는 것으로 조사 되었다. 뿐만 아니라 초등학교와 중고등학교를 거치며 대부분의 가정에서 사교육을 받는 것으로 나타났다. 특히 주요 비목별 지출 항목에서 자녀가 있는 가구의 교육비 부담률은 매우 높은 것으로 조사되었다.

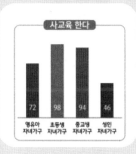

사교육 한다

- 영유아 자녀가구 72
- 초등생 자녀가구 98
- 중고생 자녀가구 94
- 성인 자녀가구 46

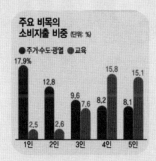

주요 비목의 소비지출 비중 (단위: %)

- ● 주거수도·광열 ● 교육

	주거수도·광열	교육
1인	17.9%	2.5
2인	12.8	2.6
3인	9.6	7.6
4인	8.2	15.8
5인	8.1	15.1

또한, 하나은행 100년 행복연구센터는 생애금융보고서 "대한민국 40대가 사는 법"에서 우리나라 허리에 해당하는 40대 부모 중 88%가 학원을 보내어 평균 월 107만 원을 지출하며, 이는 가구소득의 20% 전후에 해당한다고 밝혔다. 아울러 이들 중 61%는 교육비가 경제적으로 부담스럽다고 답했는데, 교육비 부담으로 인해 '저축을 충분히 못 한다'는 응답이 가장 많았다.

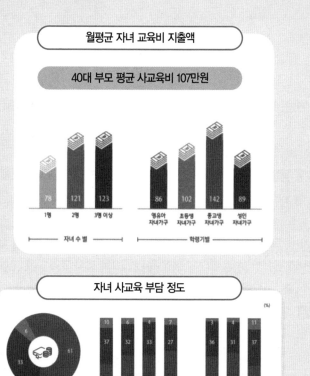

자녀 사교육비 때문에 저축이 부족한 게 가장 큰 어려움

▶ 사교육비가 부담 되는 이유는
'저축을 충분히 못한다(48%) > 교육비가 부족(16%) > 대출상환이 늦거나 대출이 늘어난다(10%)'의 순

자녀 사교육 비용이 부담되는 이유(1순위)

(%)

- 저축을 충분히 못한다 — 48
- 자녀 교육비가 부족하다 — 16
- 대출상환이 늦거나 대출이 늘어난다 — 10
- 식료품 등 필수생활비를 줄였다 — 6
- 외식 등 여유생활비를 줄였다 — 8
- 나 (배우자)의 자기계발을 포기했다 — 8
- 부모봉양 등 가족지원을 못한다 — 2
- 기타 — 1

한편, 통계청 조사에 의하면 우리나라의 가구주 연령별 소비 지출 수준을 보면, 40대는 소득 대비 120%, 50대는 110%에 육박하는 것으로 나타나고 있다. 이는 버는 것보다 더 많이 쓴다는 의미다.

그 아래 있는 도표를 보면, 어떤 부분에서 소비 지출이 많은지 자세히 알수 있는데, 40대의 경우 자녀 교육비로 들어가는 비중이 절대적으로 높다. 50대도 다른 부분에 비해 상대적으로 매우 높은 편에 속한다. 이는 40대 50대 가정의 소비 지출에 있어 교육비가 절대적으로 높은 비중을 차지하는 것을 보여준다.

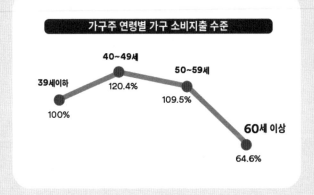

가구주 연령별 가구 소비지출 수준

- 39세이하 — 100%
- 40~49세 — 120.4%
- 50~59세 — 109.5%
- 60세 이상 — 64.6%

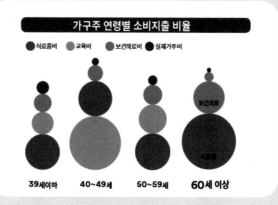

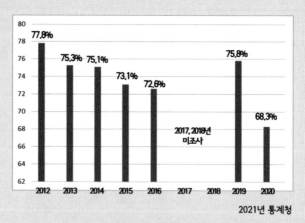

이는 가정 경제의 핵심축이 되어야 할 가구에서 자녀 사교육비로 상당 부분 힘들어하는 것을 알 수 있다. 이런 내용을 감안하면 우리나라의 사교육 문화는 분명 문제가 있어 보이는 듯하다.

아무튼, 우리 국민은 이런저런 상황에 따라 소득 대비 70~75% 정도의 지출을 하는 것으로 나타났다.

2020년의 경우 코로나19로 인해 소비 지출 급감

BOOK in book 4.

정년에 대해서

우선 퇴직에 대한 개념을 정의하면 퇴직(退職)이란 직무에서 떠난다는 의미이다. 비슷한 의미로 은퇴(隱退)라는 말도 있다. 일반적으로 우리는 퇴직=은퇴라고 생각한다. 그러나 저자가 정의하길 은퇴는 나이와 상관없이 더 이상 돈을 벌기 위한 경제 활동을 그만두는 것이다. 일반적으로 운동선수들이 은퇴를 선언하는 것처럼 앞으로 이 일로 더 이상 경제 활동을 하지 않는다는 의미이다. 반면 퇴직은 다른 개념으로, 현 회사에서 이탈한다는 의미이다.

한편 정년(停年)이라는 표현도 있는데, 정년의 사전적 의미는, '직장에서 근로자가 일정한 연령에 이르면 노사 당사자의 의사와 관계없이 근로관계가 종료되는 제도'라고 하여, 퇴직과 정년을 포괄하여 정년퇴직이라는 표현으로 쓰이기도 한다. 따라서 세 단어를 정리해서 정의하면 아래와 같다.

- 퇴직: 직장인이 특정 직장을 그만둠
- 은퇴: 특정 직무에서 경제 활동을 그만둠(보다 포괄적 의미)
- 정년: 특정 연령까지 일할 수 있는 기간을 보장받음

한편, 최근의 퇴직/은퇴 경향을 보면 사전적 의미만으로 정년을 규정하기에는 정년에 대한 개념과 내용이 매우 광범위하다. 따라서 재무설계의 관점에서 특정 시점까지 활동을 한다는 의미로 정년이란 단어를 사회적 정년과 경제적 정년이라는 두 가지 개념으로 구분한다.

■ 사회적 정년

미국이나 유럽과 같은 선진국과 달리 우리나라에서 은퇴는 결코 기다려지

는 일이 아니다. 지난해 한 은행에서 우리나라 국민 1,096명을 대상으로 조사한 결과에 따르면 응답자의 절반 이상(55%)이 은퇴를 경제적인 어려움과 연관시켰다.

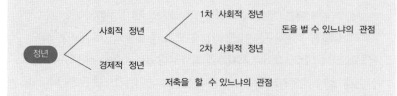

우선 사회적 정년이란, 현재 재직하고 있는 직장의 규정 또는 자신의 선택으로 회사를 그만둠으로써 더 이상 수입이 발생하지 않는 경우를 말한다. 통상적인 은퇴의 의미와 일치한다. 과거 2000년대 이전까지만 하더라도 은퇴한다는 것은 더 이상 사회활동을 하지 않는다는 의미였고, '은퇴=노후의 시작'으로 생각해왔다. 그러나 최근 특히 1차, 2차 베이비부머들의 은퇴 시기가 지나며, 은퇴에 대한 재해석이 필요하게 되었다. 평균 수명의 연장과 기업의 정년 연장으로 인해, 과거 노후의 시작이라는 은퇴의 개념은 서서히 사라지게 되었다. 이제는 은퇴를 '직업 변경(job change)'의 개념으로 재해석할 필요가 있다.

만일 요즘처럼 50대 초중반에 직장을 나온다고 하면, 평균 수명 100세를 바라보는 현재 상황에서 직업이 없는 기간이 반평생을 넘어설 수도 있으며 그에 따른 경제적 어려움은 불 보듯 뻔해지고 만다. 이렇게 50대 초중반에 자의든 타의든 회사에서 은퇴한 후 가만히 놀고만 있을 사람이 몇이나 되겠는가? 실제로 50대 초중반에 퇴직한 사람들 대부분은 다른 일에 종사하게 된다. 대체로 8~10년 정도의 경제 활동을 하는 것으로 보고되고 있다. 이처럼 첫 직장 또는 유사한 직업에 종사하다 그만두는 시기를 1차 사회적 정년이라고 정의할 수 있다.

한편 1차 사회적 정년 이후 2차 직업을 갖고 난 후의 수입의 크기와 내용은 1차 직업과 비교해 사뭇 다를 수 있다. 대체로 2차 직업을 갖는 사람들의 경우 첫 번째 수입원이었던 직장과 관련 없는 일을 하는 것으로 나타난다. 1차 사회적 정년자의 80% 정도는 근로소득자가 아닌 개인 사업자로 직업의 성격이 바뀌고, 수입의 크기도 1차 사회적 정년 직전의 60~70% 정도로 줄어든다. 물론 능력을 인정받아 타 회사나 타 업종으로 스카우트되는 경우 현재의 직업 형태를 유지하며 더 큰 수입을 올릴 수도 있지만, 이에 해당하는 사람은 그리 많지 않다.

이렇게 거의 대부분의 경우 8~10년 정도 두 번째 직업을 거친 뒤 60대 중반부터 실질적으로 완전한 사회적 정년이 시작되는 경우가 다반사다. 그런데 최근 들어서는 사회적 정년의 횟수가 점차 늘어나는 추세다. 실제로 가까운 주유소나 식당 또는 주차장, 아파트 경비실에 가 보면 60대 이상뿐만 아니라 70대의 어르신이 일하는 모습을 자주 볼 수 있다. 이 분들의 지금까지 직업 선택의 흐름을 보면, 50대 초·중반까지 직장생활, 그 후 10여 년 정도 자영업 그리고 현재 직업에 종사하는 식이다. 일의 중요성이나 난도가 떨어지며 소득도 하락하지만, 어르신들의 체력과 시간에 맞는 새로운 일이 창출되고 있는 것이다. 이렇게 되면 사회적 정년은 3차까지 이어질 수도 있다. 어쨌든 현재 근로소득자로 일하고 있는 사람들의 사회적 정년은 대략 이렇다.

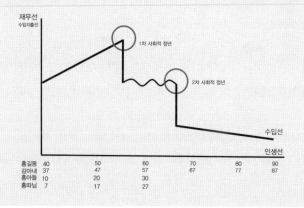

그러면 현재 자영업을 하고 있는 사람들의 사회적 정년은 어떨까? 사실 자영업자의 정년은 몇 살이라고 정확히 설정하기가 어렵다. 근로소득자의 경우 본인의 의지와 상관없이 일을 더 이상 할 수 없는 경우가 많이 발생한다. 회사의 정책적인 감원이나 조직 내 역학관계 속에서 타의에 의해 또는 자의 반 타의 반으로 나오게 되는 경우가 다수이기 때문이다. 그러나 자영업의 경우는 본인의 일할 의지가 곧 사회적 정년이 된다. 따라서 현재 자영업에 종사하는 사람들은 본인의 건강관리와 사업적 능력이 사회적 정년을 좌우한다는 점을 명심하고 자기관리를 잘해 나간다면 근로소득자들보다는 사회적 정년 시점을 연장할 수 있을 것이다.

이렇듯 현재 평균 수명의 증가와 노인 일자리 창출이라는 측면이 연동되어 새로운 사회적 직업구조가 생겨나고 있다. 따라서 사회적 정년은 최근의 라이프 사이클과 재무설계적 관점에서 재해석될 필요가 있다.

사회적 정년의 재해석

■ 경제적 정년

사회적 정년과 함께 우리 인생에서 중요한 또 하나의 정년은 '경제적 정년'이다. 경제적 정년은 사회적 정년과 좀 다른 개념이다. 사회적 정년이 자기 노력을 통해 얻는 수입과 관련이 있는 것이라면, 경제적 정년은 지출의 관점에서 보는 방법론이다. 경제적 정년의 재무설계적 개념은 '수입과 지출이 같아지는 시점'이다.

예컨대 현 추세를 감안해 일반적으로 30대 초반에 가정을 꾸린다고 하면, 40대 초·중반까지는 수입이 지출보다 많을 것이다. 그러나 특정 시점을 지나면서 지출이 수입을 초과하게 되는데 바로 이 시점이 경제적 정년인 것이다.

우리나라의 경우 첫째가 대학에 입학하는 시점을 경제적 정년으로 보고 있다. 한 가정에 대학생이 생긴다고 함은 공·사교육에서 최고의 정점을 찍는 것과 같다. 우리 사회가 아무리 사교육 열풍이 몰아치고 그에 따른 교육비가 폭발적으로 증가한다고 하지만, 그것은 일부 중산층 이상의 가정에 주로 해당하는 상황이고, 여전히 많은 가정에서는 사교육에 아무리 많은 지출이 할애된다고 해도 자녀의 대학 진학 이후의 학자금과는 비교할 수 없을 정도인 게 사실이다.

우선 자녀가 대학생이 된다면 크게 세 가지 측면에서 비용이 들어가게 된다. 첫 번째가 등록금이다. 기본적으로 일반 인문, 사회, 경영 계열에 들어간다면 학교마다 조금씩 차이는 있겠지만 현재 기준으로 1년 등록금은 1000만 원에 육박한다. 만일 자녀가 예, 체능계나 의대, 외국 유학의 길을 선택하면 이보다 1.5배에서 3배가량 늘게 된다.

물론 자녀가 공부를 잘해서 서울대에 입학하게 되면 등록금은 1/3 정도로 줄어들 수 있고, 사립대에 우수한 성적으로 입학해 4년 장학생으로 다닌다면 등록금에 대해서는 전혀 고민할 필요가 없을 것이다. 그리고 지방의 국·공립대에 들어가도 조금은 부담을 덜 수 있을 것이다. 그러나 지금 정치권에서도 논의되고 있는 반값 등록금의 꿈이 실현되지 않는 한, 대학 진학 이후의 교육비 부담은 실로 어마어마하다.

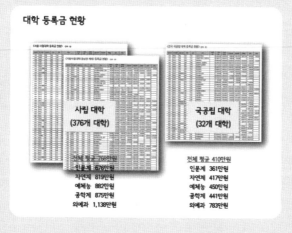

대학 등록금 현황

사립 대학
(376개 대학)

전체 평균 768만원
인문계 676만원
자연계 819만원
예체능 882만원
공학계 875만원
의예과 1,138만원

국공립 대학
(32개 대학)

전체 평균 410만원
인문계 361만원
자연계 417만원
예체능 450만원
공학계 441만원
의예과 783만원

두 번째 비용은 용돈이다. 대학생들도 성인이기에 나름의 경제 활동이 이어진다. 기본적으로 식비와 교통비뿐만 아니라 개인적인 커뮤니티 형성을 위한 통신비와 문화생활비 등이 주 항목이다. 이러한 용도로 나가는 비용은 '알바몬'의 통계에 의하면 평균 690,000원 정도를 쓰고 있다고 한다. 학년별, 성별 그리고 부모님과 동거 여부에 따라 차이가 있기는 하나 적지 않은 규모를 소비하고 있는 것이다.

세 번째 비용은 자기계발비용이다. 요즘 대학생들은 졸업 이후 취업을 위해 이른바 '스펙' 쌓기에 몰입 중이다. 적게는 1, 2개 외국어는 기본이고 많게는 3, 4개 외국어에 도전하며 자신의 몸값을 올리기에 여념이 없다. 뿐만 아니라 본인의 전공과 관련된 각종 자격증이나 그밖에 다양한 자격증을 취득하기 위해 큰 비용을 투자하고 있다. 일례로 학원수강에 대한 취업전문지 '잡코리아와 알바몬'의 2016년 설문조사에 의하면 대학생들이 학원수강을 위해 지출하는 비용은 대학생 응답자의 84.6% 가 "평소 자기계발을 해야한다는 강박감을 느낀다"고 답했다. 성별로는 여성(85.2%)보다 남성(90.1%)이 자기계발에 대한 부담을 더욱 많이 느끼는 것으로 드러났다. 염두에 두는 자기계발 항목에 있어서는 대학생의 자기계발 항목(복수 응답, 이하 응답률)을 살펴보면 외국어 공부가 51.4%로 압도적인 1위를 차지했다. 이어 2위는 체력 및 건강관리(34.0%)가 차지했으며 직무 관련 자격증(32.2%)과 직무 관련 지식(30.4%)이 그 뒤를 이었다.

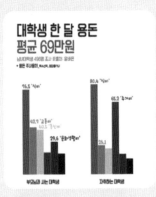

자기계발에 할애하는 비용과 시간에 관해서는, 대학생들은 월평균 17만 5000원을 자기계발비로 지출하고 있는 것으로 조사됐다. 자기계발에 투자하는 시간은 일주일에 평균 13시간 11분을 할애하고 있었다.

만약 자녀가 대학 재학 중 해외연수나 교환학생 프로그램에 참여한다고 하면 연간 2,000~3,000만 원의 비용은 추가로 감수해야 할 것이다. 물론 자녀가 스스로 열심히 공부하고 아르바이트도 해서 자기 용돈을 스스로 해결한다면 다행이지만, 과연 그런 효자가 몇이나 될는지 의문이다.

마지막 네 번째 비용은 자취비용 또는 하숙비다. 우리나라 대학생의 경우 자신의 거주 지역에서 대학을 다니는 비율이 수도권의 경우 대체로 60% 정도라고 한다. 전체 대학생들의 통계는 나와 있지 않으나 각 대학의 연도별 평균치를 보면 50~60% 정도가 된다고 한다. 다시 말해 부산, 대구, 광주, 전주 심지어 제주도에서 서울이나 인근 수도권 대학으로 유학 오는 학생과 반대로 서울이나 수도권에서 지방으로 내려가는 학생 비율이 40~50%에 육박한다는 것이다. 이러한 상황에서 주거 문제는 대학생들에게 큰 문제이다. 가뜩이나 비싼 등록금에 허덕이는 마당에 비좁은 방 한 칸 구하는 데 큰돈을 내야 하니 이중고가 따로 없다. 대학 기숙사에 들어가는 것도 '하늘의 별 따기'에 가깝다. 한 조사에 따르면 지난해 서울 소재 41개 대학 중 23개 대학의 기숙사 수용률은 10%에 불과했다. 가까스로 기숙사에 들어가도 입주비가 만만치 않다. 최근 지은 사립대 민자 기숙사의 경우 1인실이 월평균 38만8,000원, 2인실은 약 32만5,000원에 이른다. 서울 대학가 원룸 및 고시원의 평균 월세와 비슷하거나 약간 낮은 수준이다. 얼마 전 저자가 신촌 일대의 부동산을 탐방해보니 1인당 하숙비가 대체로 50~60만 원 정도로 형성되어 있었다. 더욱이 이렇게 비싼 대가를 치르는 주거 현실이 무척이나 열악하다는 것이다. 지난해 서울 시내 10여 개 대학 총학생회가 합동 실시한 조사를 보면 서울에 방을 얻어 사는 대학생 중 절반이 국토해양부가 정한 1인

당 최저 주거기준 14㎡(약 4.2평)에 모자라거나 겨우 충족하는 좁은 곳에 산다. 또 10명 중 4명은 한 방에 1년을 머물지 못하고 이사를 다닌다고 한다.

사회 준비를 목전에 두고 있는 대학생이 마음 놓고 집중할 수 있는 여건이 아쉽기만 하다.

라이프 사이클 연구소(2019년)
즉, 대학생이 되면,

1. 1년간 등록금: 800만 원
2. 용돈: 월평균 69만 원 X 12개월 = 800만 원
3. 자기계발비: 월평균 20만 원 X 12개월 = 240만 원
4. 주거비: 월평균 50만 원 X 12개월 = 600만 원

계: 최소 1,600만∼2,400만 원

서울소재 대학 재학생 중 지방출신 거주 형태

주요 사립대 1인당 기숙사비·식대 (단위: 원)			
대학	월 기숙사비	인원	별도 식대(끼당)
고려대	39만	2인 1실	4,700
연세대	30만	2인 1실	4,100
서강대	32만5,000	4인 1실	하루 두 끼 모함
성균관대	37만5,000	2인 1실	3,500
한양대	38만8,000	1인 1실	3,300
이화여대	37만7,000	1인 1실	4,000
경희대	24만6,000	2인 1실	기숙사 식당 없음

이처럼 가정에 대학생 한 명이 생기는 순간 적게는 연간 1,600만 원에서 많게는 2,400만 원 정도까지 비용이 발생한다. 물론 위의 비용을 모두 부모가 부담하지는 않는다. 우리의 착한 자녀들은 부모님의 경제적인 부담을 알고 이해하기에 나름대로 열심히 공부하고 가능하면 아르바이트 등을 통해 각종 비용의 일부를 부담하기도 한다. 하지만 그 금액이 부모님이 지원해 주는 그것에는 크게 미치지는 못할 것이다. 또한, 사회 진출을 위해 무엇보다 열심히 공부해야 한다는 사실을 명심하면 돈 버는 것이 우선일 수는 없다. 따라서 부모가 자녀들이 열심히 학업에 정진할 수 있도록 돕는 것도 힘들지만 해야 할 힘겨운 의무가 아닐까 생각한다. 그러면 대학생 자녀가 있는 가정의 가장 나이와 수입이 어느 정도 될까? 보통 우리나라 근로소득자의 경

우, 30세에 아이를 갖고 아이가 20세 대학생이 되면 50세 정도에 이른다. 그 때 평균소득을 5,000만 원 내외로 본다면, 대학생 한 명이 연간 소득의 30%에서 45% 정도를 몰아 쓰게 된다는 결론이 나온다. 이러니 어떻게 그 가정에서 저축이 가능하겠는가?

그래서 첫째가 대학에 들어가는 시점을 경제적 정년으로 규정하게 된 것이다.

경제적 정년 - 새로운 소비 형태 탄생

우선 앞서 그린 홍길동 씨 가정의 수입선을 놓고 그 위에 지출선을 그려가겠다.

현재 홍길동 씨의 현 수입이 연 5000만 원인데 연 4000만 원 정도를 지출한다고 했다.

그리고 지출은 아마 서서히 증가할 것이다. 이유는 바로 아이들 때문이다. 현재 유치원과 어린이집을 다니고 있는 아들이와 따님이는 초등학교 입학 후 사교육비와 통신비 그리고 식의류비 등이 큰 폭으로 늘어나며, 홍길동 씨의 소득 증가분보다 더 가파르게 상승할 것이다. 따라서 가계의 저축 여력도 크게 줄어들 것이다. 지금은 1,000만 원 정도를 모아 저축이나 보험, 노후 대비 연금 등을 준비할 것이나, 어떤 시점부터는 더 이상 모으기가 쉽지 않아질 것이다. 바로 BOOK in book 3에서 언급한 경제적 정년을 맞이하게 되는 아들이의 대학입학 시점부터이다.

그리고 3년 후 따님이가 대학을 입학하게 되면 지출선은 드디어 수입선을 초과하게 될 것이다. 그리고 그 규모도 늘어나 홍길동 씨 가계에 더욱 부담을 줄 것으로 예상된다.

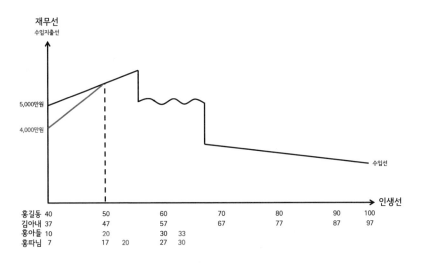

홍길동 씨 라이프 사이클(지출선) – 지출이 수입을 초과하는 시점
(첫째가 대학에 입학)

자 그렇다면 이런 지출초과 현상은 언제까지 이어질까?

BOOK in book 5.

결혼자금에 대해서

한편 우리나라 사람들의 지출선을 크게 올리는 두 번째 요인인 결혼자금에 대해서도 정리하고 넘어갈 필요가 있다. 우선 교육비에 관해 생각해 보면, 우리나라는 세계 어느 나라보다 교육열이 높고, 사실 그 덕분에 단기간에 급격한 성장을 이뤄냈다고 말하는 이들이 많다. 또 교육을 사회, 국가적인 관점에서 장기적인 인적 투자라고 본다면 그렇게 많은 대가를 치러도 큰 문제가 아니라고 할 수도 있을 것이다. 그러나 결혼자금에 대해서는 우리 국민 모두가 다시 한번 고민해볼 필요가 있을 것 같다. 저자가 라이프 사이클을 연구하는 동안 여러 나라 사람들의 인생 패턴을 지켜보면서 느낀 점 한 가지는 우리나라 결혼자금의 과소비가 너무 심하고 특히 남자 측에서 경제적 부담을 느끼는 불공정한 상황이 전개되고 있다는 점이다.

우선 우리나라 사람들의 결혼 풍속도에 관한 2020년 통계청 자료를 살펴보면, 평균 초혼 연령이 남성 33.2세, 여성 30.8세였다. 과거 20여 년 전의 수치와 비교해 남성, 여성 모두 3세 이상 늦어졌으며, 이는 우리나라의 경제적 여건과 큰 관련이 있음을 알 수 있다. 결혼연령이 증가한 이유는 젊은 사람들의 라이프 사이클 스타일의 변화에도 기인하지만, 무엇보다 가장 큰 이유는 결혼자금이 부족해서다.

얼마 전 결혼전문업체 듀오웨딩에서 최근 2년 이내 결혼한 신혼부부 1,000명을 대상으로 조사한 결혼 비용 보고서에 따르면 신혼부부들은 결혼할 때 평균 2억3천만 원 정도를 지출한 것으로 나타났다. 지출 대부분을 주택 구입 비용이 차지했다. 구체적인 지출금액은 주택 1억9271만 원, 예식홀 896만 원, 웨딩 패키지(스튜디오, 드레스, 메이크업) 278만 원, 예물 619만 원, 예단 729만 원, 이바지 79만 원, 혼수 1309만 원, 신혼여행 437만 원으로 나타났다.

신혼부부들이 가장 부담을 느끼는 부분은 주택 비용이었다. 결혼 전체 비용 중 81.6%를 차지했다. 서울의 경우에는 평균 2억5724만 원을 주택 비용으로 부담하는 것으로 나타났다. 신혼집 점유 형태는 전세가 53.9%로 가장 일반적이었다. 이어서 자가 구입 31.6%, 반전세 6.1%, 월세 2.6% 등의 비율이 었다.

한편 성별 결혼비용 부담률은 총비용 중 남성 부담률이 61%인 1억4,421만 원, 여성이 39%인 9,197만 원인 것으로 나타났다.

앞서 언급한 통계상 남성의 초혼 연령이 33세 정도라고 할 때, 군대를 다녀온 후 대학을 졸업하고 5~6년 정도 사회생활을 하다가 결혼에 골인하는 셈이다. 그런데 과연 이들이 1억5,000만 원에 육박하는 결혼비용을 5~6년 안에 만들 수 있을까? 절대 불가능하다. 상황이 이렇다 보니 남성의 경우 전체 결혼비용 중 많은 부분을 부모가 부담하고 그것이 신통치 않으면 가정을 꾸리는 시점부터 채무자로 출발하게 되는 것이다. 여성의 경우는 금액은 적으나 부모가 부담하지 못하면 결국, 신혼부부 1쌍이 채무자로 인생을 출발하게 되는 것이다. 사랑하는 자녀의 인생 출발점에 조금이나마 도움을 줄 수 있다면 부모로서 큰 행복일 것이다. 그러나 그 비용은 너무도 가혹하다. 아들, 딸 가진 부모의 경우 대학까지 공부를 시켜주고도 자녀의 결혼을 위해 5~6년 동안 총 1억이 넘는 돈을 모아야 하는 셈이다.

이렇게 결혼을 앞두고 경제적 부담을 겪게 되는 것에는 몇 가지 이유가 있다.

첫째는 바로 높은 대학 진학률과 그에 비해 낮은 대졸 취업률 때문이다. 아래 도표에서 우리나라 고등학생들의 대학 진학률은 OECD 평균보다 무려 27% 이상이 높고 세계 두 번째 높은 진학률을 보인 캐나다하고도 10% 이상 차이가 난다.

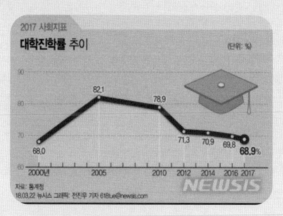

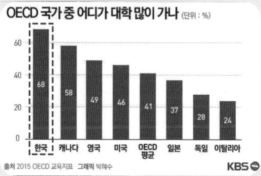

OECD 국가 청년 고용률 순위
(청년은 15~29세)

순위	국가	고용률(%)
1	아이슬란드	78.8
2	스위스	71.8
3	네덜란드	69.3
5	영국	65.4
10	미국	60.6
12	독일	58.7
15	일본	56.8
21	멕시코	49.2
30	**한국**	**42.1**
32	칠레	41.5
35	그리스	29.2

×자료=OECD 통계

이렇게 대학 진학률이 높으면 4년이란 시간 동안 경제활동에서 벗어나기 때문에 결혼자금을 자립으로 마련하기 어려워질 수밖에 없다. 뿐만 아니라 대학 졸업 후 취업률을 보면 이 역시 OECD 국가 대비 현저히 낮음을 알 수 있다.

즉, 많은 젊은이가 대학을 가고, 대학 졸업 후에는 일자리가 없다 보니, 경제적 자립이 쉽지 않게 되어 부모님께 손을 벌릴 수밖에 없는 상황이 되어버리고 만 것이다.

두 번째 이유는 우리나라의 주택 가격이 너무 비싸다는 것이다.

KB리브부동산 주택시장 동향에 따르면 지난해 2020년 12월 기준 3분위 가구(2인 이상·도시 가구)가 월급을 전액 모아 내 집 마련을 할 때 걸리는 시간(PIR, 소득 대비 주택 가격)은 전국 기준 6년이 걸리는 것으로 나타났다. 역대 가장 긴 시간이다. 서울의 경우 월급을 쓰지 않고 모았을 때 집을 사는 데 걸리는 기간(3분위 가구 기준)이 역대 가장 긴 16.8년으로 집계됐고 전국과 서울의 격차는 10.8년으로 사상 최대였다.

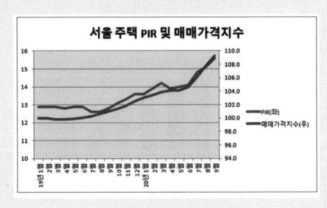

한편, 주거비 부담을 나타내는 지표로 활용되는 PIR은 주택 가격을 가구 소득으로 나눈 값으로, 수치가 높을수록 내 집 마련이 어려워졌다는 것을 뜻한다.

소득은 크게 늘지 않는데 영끌, 빚투에 서울을 중심으로 집값이 천정부지로 치솟으면서 소득만으로 집값을 충당하기 점차 어려워지고 있다는 의미다.

세계 주요 도시의 PIR 배수와 비교해보더라도 우리나라의 집값은 상당히 비싼 편이다.

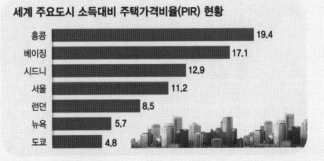

위 도표에서 서울보다 PIR 지수가 높은 도시는 홍콩, 베이징 그리고 시드니인데, 홍콩이야 워낙 좁은 땅덩이에 많은 인구가 살다 보니 그렇고 베이징은 국민 전체 소득이 낮다 보니 상대적으로 PIR이 높게 나왔을 것이다. 우리와 비슷한 경제 규모를 갖는 런던, 뉴욕 그리고 도쿄 등은 서울보다 훨씬 낮다. 즉 미국, 일본, 영국 등 선진국조차도 우리나라보다 소득 대비 집값이 싸다는 것이다.

세 번째 이유로는 대한민국 남성이라면 꼭 가야 하는 군대이다. 짧게는 2년에서 길게는 3년 동안 국가를 위해 봉사하는 기간이지만, 스스로 인생의 경제적 기반을 닦아야 하는 기간에 2~3년간 공백을 갖는다는 것은 큰 부담이 아닐 수 없다. 아래 도표는 세계 각국의 병역제도를 나타낸 것인데, 우리와 경제적인 경쟁 관계에 있는 선진국 대부분은 모병제를 선택하고 있다. 우리나라와 북한 그리고 몇몇 특수한 상황의 국가에서만 징병제를 선택하고 있다. 이로 인한 사회적, 경제적 부담감은 클 수밖에 없다.

* 각국의 대표적 병역제도(징병제/모병제/혼합제)
 1. 징병제: 대한민국, 북한, 이스라엘, 터키, 베트남
 2. 모병제: 미국, 프랑스, 영국, 독일, 일본 등 대다수의 선진국
 3. 혼합제: 중국, 러시아, 브라질

■ 징병제
■ 모병제
■ 혼합제

　이런 이유 등으로 부모가 자녀들을 채무자로 인생을 시작하지 않게 하기 위해서는, 자녀의 대학 진학 이후 매년 1,500만 원 이상을 준비해 자식이 결혼할 때까지 비용을 부담해야 하는 형편이다. 상황이 이렇다 보니 부모는 자식들 공부시키고 결혼시키는 데 거의 모든 경제력을 소진하고 마는 상황을 직면하게 된다. 따라서 자식이 결혼할 즈음이 돼서는 부모는 부모대로 자식은 자식대로 경제적으로 여의치 못한 1차 부모와 자식 모두 어려운 시기를 맞이하게 된다.

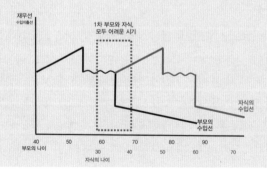

그림에서 보듯 우리나라 사람들의 소득은 50대 초반에 정점을 찍고, 이후 자녀 대학 학자금과 결혼자금 준비로 자산이 급격히 줄어들어 60대 이후부터는 가난한 노후를 보내고 있다. 한편 자식 입장에서도 부모로부터 교육비 말고는 딱히 받은 게 없다. 잘해야 신혼집 구하는 데 1억 정도 받는 셈이다. 따라서 자녀가 출가한 시점은 부모나 자식이나 모두 가난한 시점이 된다. 만일 이때 부모든 자식이든 어느 한쪽에 무슨 일이 생기기라도 한다면 그 경제적 부담으로 인해 양가가 위협받게 될 것이다. 이 시점에는 가족이라는 울타리 속에서 서로에게 부담감을 줄 수밖에 없는 취약한 구조가 형성될 수밖에 없는 것이다.

부모의 경제적 책임은 언제까지

여기서 우리나라 가정에서 부모는 자식들에게 두 가지 큰 경제적 부담을 안고 살아간다. 첫째가 일정 수준까지 공부시켜줘야 하는 교육 책임이고 또 하나는 바로 인생의 시작점을 경제적으로 지원하는 결혼 책임이다. 사실 세계 어느 나라를 봐도 자식의 결혼자금을 책임져 주는 문화는 없다. 교육 책임은 대체로 인정할 수 있으나, 물론 이것마저 의무교육을 통해 부모의 책임에서 벗어나게 해주는 국가가 많지만, 결혼 책임은 매우 특별한 자식 사랑이 아닐 수 없다.

우리나라가 유별나게 결혼 책임을 부담스러워하는 데에는 몇 가지 이유가 있다. 첫째는 앞서 BOOK in book 5에서도 언급했지만, 높은 대학 진학률과 낮은 대학 졸업 후 취업률 때문이다. 두 번째는 남자들의 입대를 들 수 있다. 세 번째는 최근 가파르게 상승하는 주거 비용이다. 물론 이런 문화가 탄생하기에는 현재 우리나라의 여러 정치적, 경제적, 사회문화적 상황들의 결과이기에 잘잘못을 따지며 변화시키기도 만만치 않다.

아무튼 홍길동 씨 가정은 아들이와 따님이의 대학입학 이후부터 따님이가 결혼할 때까지 지출이 수입을 초과할 것으로 보인다. 그리고 바야흐로 따님이의 출가를 끝으로 힘들었던 지출초과가 끝날 것이다.

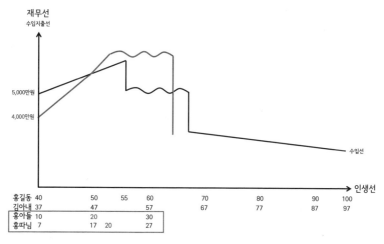

홍길동 씨 라이프 사이클(지출선) – 드디어 지출선 초과가 마침표를 찍는 순간

홍길동 씨는 자랑스럽게 두 아이를 잘 키워 새로운 인생을 펼치게 힘을 실어주었다. 그리고 마침내 부부만의 안락한 노후를 꿈꿀 수 있게 되었다. 그러나 그 평안함도 잠시, 홍길동 씨 가계에 또 다른 먹구름이 끼게 된다. 부부 모두 50대 중반 갱년기를 거치며 몸이 아프기 시작했고, 처음에는 이러다 말겠지 했으나 아픈 곳은 점점 더 많아지고 심해지기 시작할 것이다. 노후가 시작된 것이다. 기대했던 노후의 안락한 생활보

다는 각종 질환으로 인한 육체적 고통과 그에 상응하는 의료비 등으로 경제적 고통도 심해져만 갔다. 그렇게 홍길동 씨 부부의 노후 인생은 질병과 함께 시작된다. 아울러 나이 들수록 각종 질환으로 인한 의료비로 다시 한번 지출이 수입을 초과하는 시점을 맞이하게 된다.

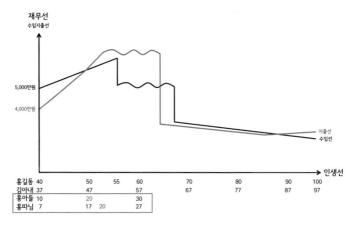

홍길동 씨 라이프 사이클(지출선) –
노후 의료비 등으로 다시 한번 겪게 되는 지출 초과

여기서 저자는 홍길동 씨의 인생을 라이프 사이클 관점에서 세 단계로 구분한다.

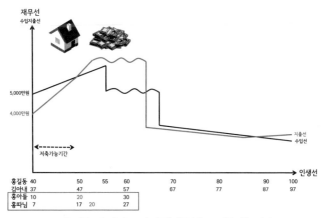

홍길동 씨 라이프 사이클(지출선) – 저축가능기간

홍길동 씨는 지금 주거하는 집이 있을 것이다. 그리고 지금부터 첫째 아들이 대학입학 전까지 수입이 지출보다 많기 때문에 저축도 가능할 것이다. 이 기간을 저축 가능 기간이라고 한다.

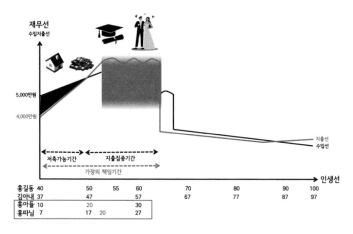

홍길동 씨 라이프 사이클(지출선) – 지출집중기간

이후 따님이 대학을 입학한 시점부터 지출이 수입을 초과하는 기간이 시작될 것이다. 그리고 둘째 따님이 출가하기 전까지 지출초과 상황은 계속될 것이다. 반면 홍길동 씨는 이 기간에 회사를 퇴직하여 자영업자의 길로 접어들 것이다. 하지만 자영업자의 소득은 회사에 있을 때보다 30% 정도 낮아지기에 지출초과는 극대화될 것이다. 따라서 이 기간을 지출집중기간이라고 한다. 그리고 저축 가능 기간과 지출집중기간을 합하여 가장의 책임기간이라고 한다. 가장의 책임기간이라 함은, 이 기간에 가장인 홍길동 씨에게 육체적 어려움이 닥쳐 가족을 위한 경제활동을 하기 어려운 상황이 발생하면 가족들이 경제적으로 큰 어려움을 겪을 수 있다는 의미이다.

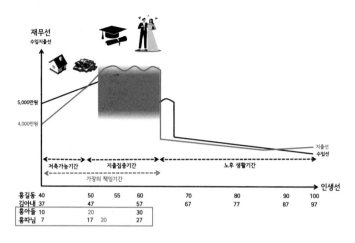

재무선 수입지출선									
5,000만원									
4,000만원									
	저축가능기간	지출집중기간		노후 생활기간				지출선 수입선	
		가장의 책임기간						인생선	
홍길동	40	50	55	60	70	80	90	100	
김아내	37	47		57	67	77	87	97	
홍아들	10	20		30					
홍따님	7	17	20	27					

홍길동 씨 라이프 사이클(지출선) – 노후생활기간

세 번째 기간은 자녀가 출가하고 본인이 운영하는 사업도 그만두며, 경제력이 상당히 떨어지는 노후 경제 절벽을 맞이하게 될 것이다. 이 시점부터 부부 모두 사망할 때까지를 노후 생활 기간이라고 한다. 이 기간에는 연금소득에 의존해 살아가나 노후 의료비 등으로 인해 지출선이 또다시 크게 상승한다.

BOOK in book 6.

노후 연금소득

여기서 노후의 대표적 소득 수단인 연금소득에 대해 간단히 알아보면 재무설계에 관점에서 3층 보장론으로 대표할 수 있다.

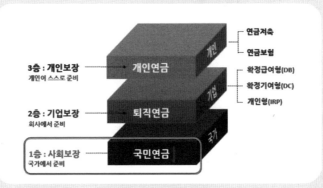

3층: 개인보장
개인이 스스로 준비

2층: 기업보장
회사에서 준비

1층: 사회보장
국가에서 준비

개인연금 — 개인
  └ 연금저축
  └ 연금보험

퇴직연금 — 기업
  └ 확정급여형(DB)
  └ 확정기여형(DC)
  └ 개인형(IRP)

국민연금 — 국가

3층 보장론이란, 첫 번째 1층은 사회나 국가에서 개인의 노후 생활을 보장해 주는 것으로, 4대 공적연금이 있고 대표적인 것이 국민 대다수가 가입된 국민연금이 있다. 2층 보장은 기업에서 개인의 노후를 준비하게 하는 것으로 퇴직연금이 있고 3층 보장은 개인 스스로 준비하는 사적연금의 영역으로 볼 수 있다.

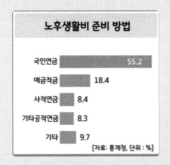

노후생활비 준비 방법

국민연금 ▣ 55.2
예금적금 ▣ 18.4
사적연금 ▣ 8.4
기타공적연금 ▣ 8.3
기타 ▣ 9.7

[자료: 통계청, 단위 : %]

이 중 가장 일반적인 국민연금은 현재 수급자가 500만 명을 넘어섰으며 현재 국민연금 수령 중인 62세 기준으로 44.2%가 국민연금을 받고 있다.

뿐만 아니라 우리 국민이 노후 생활 준비 수단으로 가장 많이 선택한 방법이 국민연금으로 나타난 것으로 봐도 국민연금에 대한 노후 생활 의존율은 전적으로 높다고 할 수 있다.

그리고 현재 받는 국민연금 수준은 10~20년간 가입한 수급자는 39만9천 원 정도를 받고 20년 이상 가입한 수급자는 92만6천 원 정도를 받고 있으며 전체 평균 금액은 53만 원 정도이다.

10~20년 미만
가입 수급자
399.229원

20년 이상
가입 수급자
926,698원

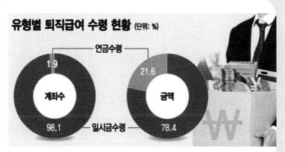

유형별 퇴직급여 수령 현황 (단위: %)

연금수령

계좌수
1.9
98.1
일시금수령

금액
21.6
78.4

출처 : 통계청

두 번째 노후 수단인 퇴직연금은 2015년부터 지급이 개시되어 현재 가입
자가 계속 증가 추세이다. 현재 퇴직연금은 꾸준히 증가해 200조 규모로 크
게 성장했지만 대부분의 수급 예정자들은 퇴직연금을 월 급여 형태가 아닌
일시금 형태를 선호하는 것으로 나타났다. 만일 안정적으로 노후 생활을 준
비한다면 월 생활비 개념으로 생각해야 하는데, 일시금 형태로 받게 되면 그
만큼 씀씀이가 커질 수 있으며 안정적인 노후 생활에 큰 변수가 될 수도 있
어 불안감을 키울 수 있다.

세 번째 사적연금에 있어 우리나라의 사적연금 가입률은 연령별 차이는
있으나 대체로 20%대 초반이다. 이는 주요 선진국들의 사적연금 가입률과
비교해도 무척 낮은 수준이다.

세대별 개인연금 가입률
(단위:%)

- 10대 2.9
- 20대 12.8
- 30대 25.3
- 40대 28.0
- 50대 22.9
- 60대 이상 5.7

자료:보험개발원

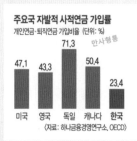

주요국 자발적 사적연금 가입률
개인연금·퇴직연금 가입비율 (단위: %)

만사형통

- 미국 47.1
- 영국 43.3
- 독일 71.3
- 캐나다 50.4
- 한국 23.4

(자료: 하나금융경영연구소, OECD)

　　라이프 사이클 연구소에서 2019년 보험 가입자들 대상으로 조사한 결과 연금 개시 이후 받는 예상 월 연금액으로 28만 원 정도로 파악되었다. 3층 보장론에 입각해 현 수준으로 노후를 맞이한다면 국민연금에서 53만 원과 사적연금에서 28만 원을 더해 월 수령액은 81만 원 정도일 것으로 예상된다. 만일 퇴직연금을 월 생활비화하지 않는다면 턱없이 부족한 노후 생활을 보낼 수밖에 없을 것이다.

　　이렇다 보니 현재의 노후 생활은 무척이나 팍팍하고 고단하다. 국민연금 연구원 조사에 따르면 적당한 노후생활비로 부부 합산 월 243만 원 정도가 필요한데, 현재의 연금소득 대체율로 보면 무척이나 힘겨운 삶이 예상된다.

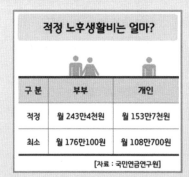

적정 노후생활비는 얼마?

구 분	부부	개인
적정	월 243만4천원	월 153만7천원
최소	월 176만100원	월 108만700원

[자료 : 국민연금연구원]

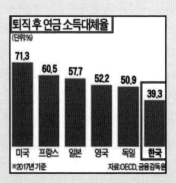

퇴직후 연금 소득대체율
(단위:%)

- 미국 71.3
- 프랑스 60.5
- 일본 57.7
- 영국 52.2
- 독일 50.9
- 한국 39.3

※2017년 기준　　자료:OECD,금융감독원

　　이렇다 보니 정말 부끄러운 통계치가 눈에 띈다. OECD 국가 중 노인 빈곤율 1위와 노인 자살률 1위가 그것이다.

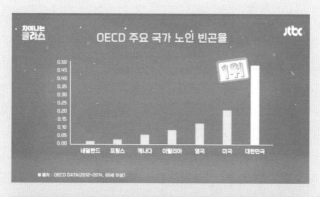

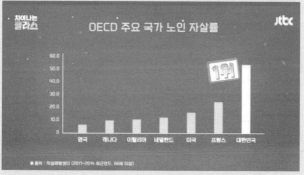

이런 우리들의 안타까운 현실은 어느 누구도 해결해 줄 수 없다. 국가와 지자체도 노력은 하고 있겠지만 모든 국민이 안정된 노후를 보내기에는 아직도 우리 사회가 갈 길이 너무 멀다. 지금의 선진국들은 1800년대를 거치며 현재의 자본주의 기틀을 만들기 시작해 언 200년이 걸린 시스템인데, 우린 고작 50년의 자본주의 역사를 가지고 있다. 앞으로 우리 국가 경제나 기업의 성장이 지속되고 국민의 전반적인 삶의 수준이 높아져야 선진국 수준으로 가능한데, 이는 10~20년의 시간으로 해결하기에는 쉽지 않아 보인다. 따라서 당분간은 우리 국민 개인들의 과제로 남아야 할 것이다.

아울러 3층 보장론의 관점에서, 3가지 형태의 노후보장 수단에 대한 포괄적 인식이 필요하다. 우선 국민연금을 포함한 공적연금은 기본적인 생활을 영위할 수 있도록 추진해 나가야 할 필요가 있다. 무엇보다 중요한 것은 가입 기간이 오래될수록 유리하고 주부나 학생들도 임의 가입자로 가입이 가능하기에 모든 국민이 공적연금을 충분히 활용할 수 있도록 해야 할 것이다. 아울러 국가는 공적연금의 장기적 수익률 관리에도 만전을 기해 국민의 노후 생활에 흔들림이 없도록 해야 할 것이다.

2층 보장인 퇴직연금은 가능하면 근로소득이 없어지는 노후에 월 생활자금 형태로 받을 수 있도록 계도를 해야 할 것이며 특히 자영업자의 경우는 퇴직연금이 없기 때문에 개인연금의 비율을 확대할 필요가 있다.

마지막 개인연금은 노후의 여유 있는 생활을 위한 기반이 되는 것이다. 다양한 금융기관을 통해 개인연금은 필수적으로 가입해야 하는 곳으로 인식돼야 할 것이다. 또한, 국민연금처럼 물가 상승률이 반영되지 않기에 물가 상승의 영향을 받지 않는 고율의 수익 창출이 필요하다. 이것을 위해 개인연금을 운용하는 금융기관의 건전한 윤리 의식과 높은 수익성 창출이 반드시 필요하겠다. 아울러 다양한 연금저축에 대한 세제 혜택을 부여해 국민들이 쉽고 부담 없이 찾을 수 있는 형태의 상품으로 만들어져야 할 것이다.

이런 그림을 보니 여러분은 어떤 느낌이 드는가?

많은 사람이 막막하다고 한다. 그러나 괜찮다. 우리 모두는 이렇게 살아가고 있다.

때로는 경제적으로 어려움이 닥치기도 하지만 가족들이 합심해 허리띠도 졸라매고, 더 열심히 일해 돈을 벌고자 노력한다. 자녀들은 아르바이트 전선으로 뛰어들고, 노후라도 조금 더 일하기 위해 일자리를 찾는다. 또 경제적으로 힘든 노후가 되면 자식들이 조금씩 모아 부모님의 생활비와 의료비를 대신 해주는 아름다운 가족애를 보이기도 한다.

그렇기에 우리는 돈만을 가지고 인생을 쫓다 보면 인생이 한없이 힘들다고 느낄 수 있다. 하지만 이런 과정에서 소소한 행복을 추구하며 사는 것이 인생의 바람직한 모습이라 할 수 있겠다. 아무튼, 우리는 쉽지 않은 한평생을 살아가야 하는 것을 운명으로 여기고 살아간다.

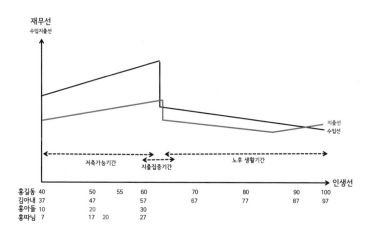

홍길동 씨 라이프 사이클(지출선) - 선진국의 라이프 사이클

반면 선진국의 라이프 사이클은 우리와 매우 다르다. 위 도표처럼 선진국은 직장에서 일하는 기간이 우리보다 10년 이상 길다. 안정적인 수입이 지속될 수 있는 이유이다. 반면 지출선이 급격히 증가하는 경우가 별로 없다. 자녀 사교육비가 거의 들지 않고, 대학 학자금 또한 우리보다 훨씬 저렴하고 국가의 지원도 많다. 뿐만 아니라 결혼자금도 일찍 경제적으로 출가한 덕분에 충분히 만들어 갈 수 있어 부모의 경제적 부담을 덜어 준다. 따라서 저축가능기간이 우리나라보다 훨씬 길고 더 많은 금액을 저축할 수 있다. 그러니 우리에게 가장 어려움으로 다가오는 지출집중기간이 짧거나 없는 경우가 많다.

노후 생활 기간은 국가의 노후 복지 정책이 잘 되어 있기 때문에 급작스럽게 돈이 많이 들어가는 경우가 별로 없다. 그러다 보니 노후에도 젊어서 모아온 경제력을 가지고 안정적으로 지낼 수 있게 된다. 전체적으로 보면, 번 돈과 쓸 돈을 비교해 봐도, 남길 수 있는 돈이 더 많다. 그렇기 때문에 굳이 나이 들어서까지도 힘들게 일하지 않고 편안한 노후 생활을 즐길 수가 있다.

　그러면 이런 부분에 대해 우리는 어떤 식으로 이 문제를 해결해야 할까?

　앞 도표처럼 우리 라이프 사이클과 선진국의 라이프 사이클은 매우 다르다. 선진국은 이런 라이프 사이클을 만들기 위해, 100년에서 200년까지의 자본주의 역사를 이어왔다. 하지만 우리나라의 자본주의 역사는 고작 50여 년에 불가하다. 즉 이런 삶의 모습의 다름은 여러 가지 경제적, 사회문화적인 차이로 만들어진 것이다. 그러니 이런 문제들을 국가가 전적으로 해결할 수는 없는 일이다. 그렇다고 개인 스스로 해결하기에는 더더욱 쉽지 않은 일이다. 이는 국가 개인 모두 함께 고민하며 풀어가야 할 과제라고 생각한다.

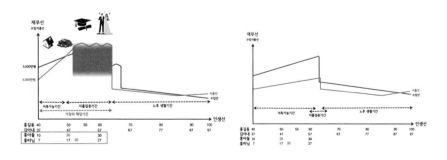

홍길동 씨 라이프 사이클(지출선) - 우리나라와 선진국의 라이프 사이클 비교

이런 측면에서 우리는 라이브 사이클을 통해서 우리 인생을 보다 현명하고 지혜롭게 설계할 필요가 있다.

이상 우리는 다양한 형태의 인생과 만일의 경우의 삶을 예측하기 위한 라이프 사이클을 함께 살펴보았다. 이는 어떻게 해야 잘살 수 있는지보다는 어떻게 준비해야 불행을 피해 갈 수 있는지 제시하고자 함이었다. 현재 수십억의 자산을 손에 쥐고 있다면, 행복에 관한 가치관을 별개로 칠 때, 경제적 측면에서만큼은 앞날이 크게 불안하지는 않을 것이다. 그러나 우리나라 국민 대부분은 수십억을 지닌 재력가가 아니다.

통계청의 2021년 가계금융·복지조사 결과, 우리나라 가구의 평균 자산에서 부채를 차감한 순 자산은 4억1,452만 원으로 나타났다. 총자산은 5억253만 원, 부채는 8,801만 원으로 조사됐다. 부채비율은 20%에 육박하여 가구 재정에 뇌관이 되는 것이 지금이 현실이다. 이 정도 수준의 자산 상황이라면 미래에 대한 준비를 철저히 하지 않을 경우 자칫 한순간에 나락으로 떨어져 불행한 삶을 이어갈지도 모른다. 그런 의미에서

다음 장부터는 인생의 위험요소에 대비할 수 있는 구체적인 방법에 관해 알아보도록 하겠다.

　그 전에 먼저 지금까지 설명한 내용을 토대로 독자 스스로 자신만의 라이프 사이클을 그려 보는 연습을 해 볼 필요가 있겠다. 자신의 현재 자산 상황을 파악하고 향후 어느 정도의 자금이 필요할지 알아보는 게 우선이기 때문이다. 다음 장에 수록된 각각의 생활 형태를 살펴보고 각자 해당하는 유형을 택해 그 아래 제시된 지침에 따라 자신만의 라이프 사이클을 그려 보자.

LIFE CYCLE

제3장

다양한 유형의
라이프 사이클

40 50
스스로 그려가는
나의 인생 그래프

직업 형태에 따른 라이프 사이클

라이프 사이클은 가장의 직업, 연령, 가족 구성원 형태 등에 따라 다양하게 그려질 수 있다. 특히 수입선을 결정하는 가장의 소득과, 소득의 형태를 결정하는 직업, 아울러 지출선을 결정하는 자녀의 나이와 수 그리고 결혼 여부와 부양가족 여부 등, 가족 구성 형태가 주요한 변수로 꼽힌다.

라이프 사이클의 주요 변수

:: 가장과 첫째 자녀와의 나이 차

라이프 사이클을 그려가는 데 있어 두 가지 변수가 있는데, 그 첫 번째는 가장과 첫째 자녀의 나이 차이다. 두 번째는 자녀 수이다. 이 두 가지 변수를 살펴보는 것이 라이프 사이클을 이해하는 데 매우 중요하다. 또한 가장의 직업이 근로소득자냐 자영업자냐에 따라 수입선의 형태가 달라지고 수입의 기간도 달라질 수 있기에 주요한 변수가 될 수 있다. 우선 아래 그래프를 통해 가장과 첫째 자녀와의 연령 차, 자녀 수 부분부터 살펴보기로 하자.

옛말에 자식 농사는 일찍 지어놔야 늙어서 편하다는 말이 있다. 가장과 첫째와의 나이 차가 가계경제에 미치는 영향을 보면 옛말이라고 그냥 흘려듣기만 할 일은 아니라는 점을 실감할 것이다. 현재 우리나라 사람들의 평균 초혼 연령은 남자 33.2세 여자 30.7세로 30세를 훌쩍 넘겨 결혼하고, 결혼 후 2년 정도 뒤에 자녀를 갖는 것으로 알려져 있다. 이럴 경우 자녀가 대학에 들어가는 시점은 아빠가 50대 중반을 넘어선 경우가 대부분일 것이다.

만일 우리나라의 정년/은퇴 시점이 20~30년 후에도 크게 변하지 않는다면, 대부분의 가정에서 자녀의 대학 학비는 물론 결혼자금 마련을 위해 상당한 애로가 예상된다. 앞서 정년을 설명하면서도 언급했듯이 50대 초·중반에 다니던 회사를 나와 다른 일을 한다 하더라도 최고 지출 시점이 최고 수입 시점과 격차가 나기 때문에 형편이 어려울 수밖에 없는 것이다. 일반적으로 자녀와의 나이 차가 30년 정도 나면 최고 수입 시점과 최고 지출 시점이 엇비슷하게 형성되어 큰 문제 없이 인생의 제일 어려운 시점을 타개해나갈 수 있으나, 그 시점이 어긋나게 되면 특별한 준비나 꾸준한 저축이 동반되지 않는 한 나이가 들어갈수록 힘들어지게 된다.

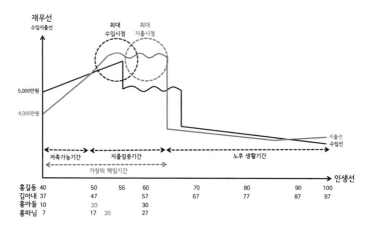

40세 홍길동씨의 라이프사이클

위의 40세 홍길동 씨의 라이프 사이클에서 자녀와의 나이 차에서 보듯이 지금부터 10년 정도 저축 가능 기간에 홍길동 씨가 건강하게 열심히 일한다면 최고 지출 시점과 크기와 기간을 비슷하게 맞춰갈 수 있을 것이다.

그러나 다음 그림처럼 홍길동 씨가 30대 후반에 결혼해서 40세 가까운 나이에 자녀를 두게 된다면 노후가 상당히 힘들어질 가능성이 크다. 즉 홍길동 씨의 최대 지출 시점이 지금보다 10년은 더 늦어지게 되고 그에 따른 육체적·정신적 피로가 쉽게 올 것이며 이는 경제력의 저하로 이어질 것이다.

아래 그림에서 보듯, 홍길동 씨의 최대 수입 시점과 최대 지출 시점이 크게 벌어진다. 지금 당장은 직장에서 높은 급여를 받지만 몇 년 후 회사를 그만두고 사업을 하게 될 경우 소득은 크게 줄어들 것이고 그 시점부터 자녀의 교육자금과 결혼자금 준비로 지출은 더 크게 늘어 날 것이다. 이렇게 되면 홍길동 씨는 70세 넘은 노후 생활 기간이 도래했음에도 불구하고 가족의 생계를 책임져야 할 막중한 부담을 지게 된다.

50세 홍길동씨의 라이프사이클(늦게 자녀를 가진 경우)

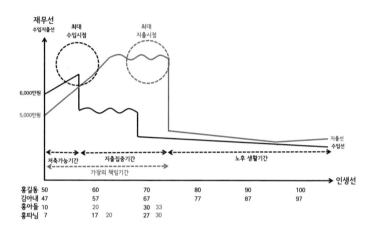

평균 결혼 시점에 아이를 가진 40세 홍길동 씨와 10년 정도 늦게 아이를 가진 50세 홍길동 씨의 라이프 사이클을 비교해 보면 다음 그림과 같을 것이다.

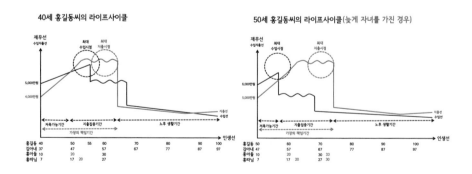

위 그림에서 붉은 박스 안의 최대수입시점과 최대지출시점의 간격은 좁을수록 좋은데, 늦게 자녀를 둔 홍길동 씨의 경우 그 기간이 크게 벌어져 노후에 경제적 부담이 커지는 것을 볼 수 있다.

반면 홍길동 씨가 결혼을 일찍 해 20대 중반에 첫째를 갖게 된다면 라이프 사이클은 아래처럼 바뀔 것이다.

40세 홍길동씨의 라이프사이클(일찍 자녀를 가진 경우)

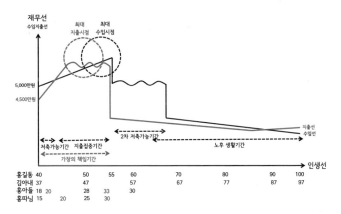

즉, 최대 지출 시점이 최대 수입 시점보다 앞서 형성되어 젊을 때 힘이 좀 들긴 하겠지만 노후에는 다소 안정되고 편안한 삶을 보내게 될 것이다. 뿐만 아니라 자녀를 출가시킨 후, 노후 생활 기간 전까지 2차 저축 가능 기간도 확보할 수 있어, 노후 생활 준비에 큰 도움을 받을 수 있다.

이 세 경우를 하나의 그림으로 비교해 보면 아래와 같을 것이다.

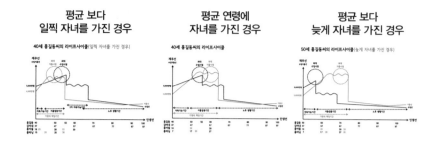

평균 보다 일찍 자녀를 가진 경우	평균 연령에 자녀를 가진 경우	평균 보다 늦게 자녀를 가진 경우

이 비교 그림을 보더라도 첫째 자녀와 가장과의 연령 차이는 라이프 사이클에 큰 영향을 미치게 되어 있다. 그래서 저자는 이 시대 미혼자들에게 가능하면 평균 결혼연령을 초과하지 말라고 충고하고 싶다. 특별한 재능이나 재산 또는 장기간 먹고 살 수 있는 능력이 보장되어 있지 않다면 조금이라도 서둘러 가정을 꾸리는 게 보다 나은 미래를 준비하는 방법일 수 있다.

:: 자녀 수

다음은 평균적인 연령에 결혼해서 출산을 했더라도 자녀 수에 따라 라이프 사이클이 달라질 수 있다. 아래 그림처럼 자녀가 둘에서 셋으로 늘어날 경우 홍아들의 대학 학자금 준비 및 결혼자금으로 지출금액이 커지고 최대 지출 시점도 길어지게 된다. 뿐만 아니라 가장의 책임기간도 그만큼 길어진다. 또 지출집중기간과 노후생활기간이 겹쳐짐에 따라 노후준비를 하는 데 시간적 여유가 거의 없게 된다. 하물며 자녀가 네명 다섯 명으로 더 늘어난다면, 대단한 경제력을 갖지 않는 한 그들의 노후는 괴로움의 연속일 것이다.

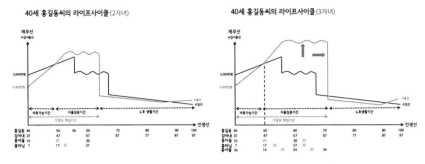

40세 홍길동씨 자녀 수에 따른 라이프사이클 변화(2자녀/3자녀)

하지만 반대의 경우라면 어떨까? 자녀를 한 명만 갖는다면, 아래 그림 처럼 홍길동 씨 가족은 좀 더 여유로운 삶을 만들어 갈 수 있을 것이다. 자녀 수가 적기에 학자금이나 결혼 준비 자금에서 지출액이 크게 줄어 들고 지출집중기간도 줄어들 것이다. 뿐만 아니라 자녀 출가 후 노후준 비를 할 수 있는 기간도 덤으로 얻을 수 있어 한결 여유로운 노후를 맞 이할 수 있다.

이런 이유로 최근 많은 부부가 다 자녀를 갖지 않으려 한다.

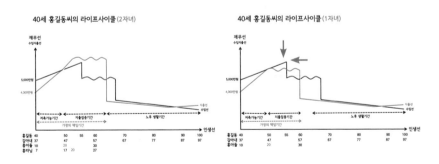

40세 홍길동씨 자녀 수에 따른 라이프사이클 변화(2자녀/1자녀)

만일 자녀를 한 명이라도 갖지 않는다면 어떻게 될까? 아마 아래 그림 처럼 될 것이다.

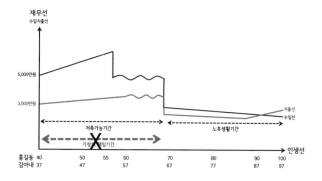

40세 홍길동씨의 라이프사이클(자녀 없음)

　無자녀 홍길동 씨가 안정된 직장생활을 한다면, 자녀가 없기 때문에 크게 돈 들어갈 일이 없다. 그 흔한 휴대전화를 사 줄 일도 없고, 생활비 걱정도 할 필요가 없다. 자녀 학자금과 결혼자금을 준비할 필요도 없기에 혼자 풍요롭게 살아갈 수 있다. 자녀가 없기에 지출집중 구간도 없고 가장의 책임기간은 더더욱 없다. 부부가 즐기면서 살아가기만 하면 된다.

　한편, 최근 출산과 관련된 통계를 보면, 우리나라의 합계 출산율은 가임 여성 1명당 0.81명으로 집계됐다. 이는 OECD 국가 중 최하위다. 다음 TV조선에서 보도한 관련 뉴스에 따르면 2019년 이후 우리나라의 출산율은 OECD 국가에서 계속 꼴찌를 기록하고 있다.

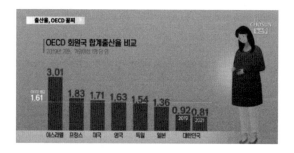

아울러 이는 어제오늘의 일이 아니라 최근 10년 사이에 꾸준히 이어져 오고 있다는 것이 더 안타깝고 불안한 것이다. 연합뉴스 조사에 따르면 2012년 이후부터 줄곧 내리막을 그리고 있다. 이는 출산에 대한 사회적 인식이 크게 낮아진 까닭이다.

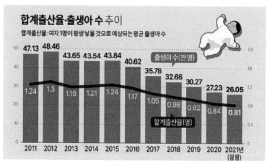

〈출처 / 연합뉴스〉

이렇듯 출산율이 낮아지는 이유로는 2017년 여성가족부 설문조사에 따르면 경제적 이유를 가장 크게 꼽았다.

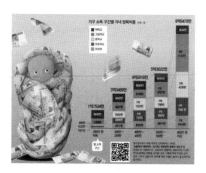

이는 동아일보에서 제공한 위 그림을 보면 잘 알 수 있다. 우리나라의 평균 가정에서 자녀 1명을 대학교까지 공부시키는 데 대략 4~5억은 든다. 여기에 결혼자금 준비까지 하면 족히 6~7억은 될 것이다. 자녀 1명

이 6~7억… 감수하기에는 너무 부담스럽다. 이것이 2022년 대한민국의 현재 모습이다. 다자녀의 단란한 가족, 그리고 자녀들이 성장해 가며 느끼는 행복… 그런 것은 이미 물 건너간 지 오래되었다. 정말 안타깝다.

이런 사실을 라이프 사이클을 통해 재차 강조하는 것도 싫지만 명확히 인식하기 위해 4가지 경우를 비교해 보도록 하자.

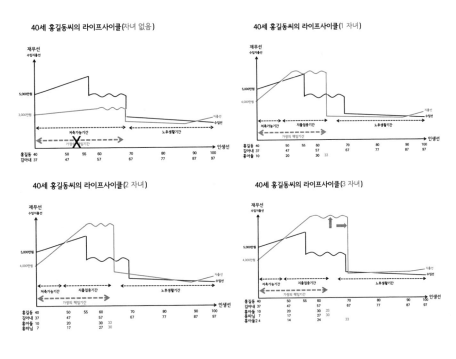

이상 라이프 사이클과 상관관계가 큰 변수들을 살펴보았다.

좀 더 정리해 보면, 첫째 라이프 사이클에서 수입선은 가장의 직업에 따라 결정된다. 근로소득자든 자영업자든 또는 맞벌이를 하든 그 상황에 따라 그려진다. 두 번째 지출선은 자녀에 의해서 결정된다. 자녀의 수가 없거나 많음에 따라 지출선의 높이도 높아지고 길이도 길어진다. 이를 통해 가족 구성원들에 따라 가정의 재무 상태가 크게 달라질 수 있다는 것을 눈으로 확인할 수 있다.

▍사업자(자영업자)

앞서 BOOK in book 2에서 보았듯이 우리나라의 자영업자 수는 단연 세계 최고라 해도 과언이 아닐 것이다. 특히 육체적으로 힘들어지기 시작하는 50대 이후 자영업자들이 많기 때문에 자영업을 통해 경제적 성공을 거둔 사람들이 손에 꼽을 정도다. 하지만 젊어서부터 자영업을 하는 경우도 적지 않다. 이 경우 근로소득자와는 조금 다른 수입선을 보여준다.

자영업자의 경우, 미래 소득을 예측하기가 쉽지 않다. 본인의 역량이나 의지와는 별개로 의외의 경제 상황에 따라 사업이 잘될 수도 있고, 안될 수도 있기 때문이다. 그러니 자영업자들의 수입선은 현재 수준을 유지한다고 설정하면 좋을 것 같다. 만일 사업에 확실한 성공 요인이 있어 소득이 올라갈 거라 확신한다면 수입선을 서서히 올라가는 형태로 그려도 괜찮다. 반면 본인의 연령이나 사업 가능성을 따져볼 때 장차 소득이 줄어들 것으로 예상된다면 적당한 기울기로 우하향하게 그리면 된다. 라이프 사이클은 미래를 확실히 예측해 정확히 그려가는 것이 목적이 아니라 현 시점에서 미래를 예측하고 준비해가는 것이 우선이기에, 불확실한 상황을 억지로 반영할 필요는 없다.

그러면 홍길동 씨의 사례를 통해 사업가/자영업자들의 경우를 살펴보자.

– 가족 사항: 홍길동(40세), 김아내(37세), 홍아들(10세), 홍따님(7세)
– 직장 사항: 홍길동 씨는 ○○상사 10년째 운영 중, 앞으로 30년 더 운영 예정
 • 향후 10년: 현재 수입보다 연 5% 이상 신장
 • 10~20년: 현재와 비슷
 • 20~30년: 5% 정도씩 감소 예상
– 재무사항
 • 연 소득: 5,000만 원
 • 연 지출: 4,000만 원
 • 연 저축(적금, 보험료): 1,000만 원

홍길동 씨는 30세부터 ○○상사를 운영 중이며 향후 30년간 운영해갈 예정이라고 가정하자. 앞으로 20년 정도는 일에 대한 노하우도 쌓이고 시장 상황이 좋아져 매년 조금씩 수입이 증가해 20년 후인 60세에는 연 소득이 6,000만 원 정도에 이를 것으로 기대되지만, 그 이후 10년간은 체력의 한계와 업황이 어떨지 몰라 수입이 조금씩 감소할 것으로 예상한다고 하자. 그리고 현재로서는 70세 이후 아무 일도 하지 않을 생각이다. 이럴 경우 홍길동 씨의 수입선은 다음 그림과 같은 형태를 띠게 될 것이다.

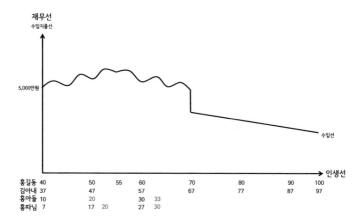

40세 홍길동씨의(자영업자/사업자) 라이프사이클

그림에서 볼 수 있듯이 자영업자 홍길동 씨의 수입선은 근로소득자 홍길동 씨보다 단순하다. 물론 생각지 못한 상황으로 사업이 힘들어질 수도 있고 오히려 사업이 잘되어 예상보다 많은 수입을 올릴 수도 있다. 뿐만 아니라 다른 예외적인 변수가 많이 있을 수 있으므로 자영업자의 수입선이 반드시 위와 같이 단순하지만은 않을 수도 있다. 라이프 사이클은 스스로 자기 인생을 그려 보는 것이므로 본인이 생각하는 바를 그대로 그려나가면 된다. 다만 저자는 독자의 이해도를 높이기 위해 최대한 단순한 경우를 상정해서 설명할 뿐이니 저자의 그림에 구애받지 말고 독자 스스로 마음껏 상상의 나래를 펼쳐가며 자신의 인생을 그려 보았으면 한다.

이제 지출선을 살펴보자. 지출선은 앞서 살펴봤듯이 자녀 수와 자녀의 나이에 따라 결정된다. 그렇기에 아빠의 직업과 크게 상관없이 자녀라는 변수만을 놓고 보면 근로소득자 홍길동 씨와 차이가 없이 그릴 수 있다. 즉 자영업자 홍길동 씨도 아들이가 대학에 들어가는 10년 후 수입과 지출이 비슷해지는 경제적 정년을 맞이하게 될 것이고, 3년 후 따님이가 대학에 들어가면 지출은 좀 더 늘어날 것이다. 이후 두 자녀의 결혼자금 준비를 위해 매년 2,000~3,000만 원 정도를 준비해야 한다면 지출집중 기간은 60대 중반까지 이어질 것이고, 60대 중반 이후부터는 노인의료비로 인한 지출이 많아져 결국 지출선은 아래와 같은 그림처럼 나타나게 될 것이다.

40세 홍길동씨의(자영업자/사업자) 라이프사이클

그래서 사업자 홍길동 씨 인생을 나누어보면, 지금부터 아들이가 대학 입학하는 시점까지를 저축가능기간, 그 이후부터 막내 따님이가 결혼하는 시점까지를 지출집중기간이라고 할 수 있고 지금부터 시작해 지출집중기간이 끝나는 시점까지를 가장의 책임기간이라고 할 수 있다.

단순히 그래프만 놓고 보면 홍길동 씨 가정의 수입과 지출 사이에 큰 차이가 있다는 점을 알 수 있다. 물론 현재까지 저축해놓은 돈이 얼마

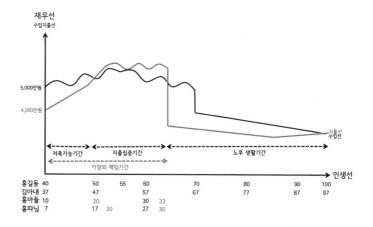

40세 홍길동씨의(자영업자/사업자) 라이프사이클

재무선 수입지출선							
5,000만원							
4,000만원							지출선 수입선

저축가능기간　지출집중기간　　　노후 생활기간
가장의 책임기간

인생선

홍길동	40		50	55	60		70		80		90	100
김아내	37		47		57		67		77		87	97
홍아들	10		20		30	33						
홍따님	7		17	20	27	30						

인지가 관건이겠지만 특별히 많은 자금을 모아놓지 않은 경우라면 60대 이후 노후 생활이 상당히 어려워질 것으로 보인다. 이에 대해 홍길동 씨가 취할 수 있는 대비책은, 첫째, 현재 사업에 더 많은 노력을 기울여 수입선을 더 올리거나, 둘째, 사업 정리 시점을 더 늦춰서 노후를 준비할 수 있는 시간을 버는 것이다. 최소한 자녀 두 명 모두 출가할 때까지 또는 그 이상 사업을 영위할 수 있는 중장기적인 사업전략도 필요할 것이다.

특히 자영업자들의 경우에는 본인의 능력이 허락하는 한 근로소득자보다 더 오래 일을 할 수 있다는 특장점이 있다. 라이프 사이클을 잘 활용하면 사회적 정년의 시점을 스스로 가늠해볼 수 있으며, 인생에 있어 힘들고 어려운 시점을 예견하고 미리 준비할 수 있을 것이다.

한편, 근로자 홍길동 씨와 사업자 홍길동 씨의 라이프 사이클을 비교해보면 아래 그림처럼 나타낼 수 있다.

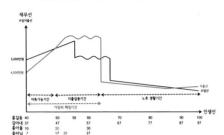
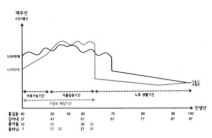

근로수입자와 자영업자(사업자)의 라이프사이클 비교

이 그림에서 가장 큰 차이점은 바로 수입선의 흐름이다. 근로자 홍길동 씨는 지금부터 수입선이 서서히 증가하다가 퇴직 후 살짝 하락한 다음 사업자 수입선처럼 물결 모양을 띨 것이다. 반면 사업자 홍길동 씨의 라이브 사이클은 처음 언급한 대로 앞으로 20년 정도는 조금씩 올라가다 나중에는 서서히 내려가는 모양새를 나타낼 것이다.

붉은색으로 나타낸 지출선은 근로자 홍길동 씨나 사업자 홍길동 씨나 모두가 똑같다. 왜냐하면, 앞서 언급한 대로 지출선은 자녀의 수에 의해서 결정되기 때문이다.

▌맞벌이 가정

다음은 맞벌이 가정의 경우를 그려 보겠다. 통계청이 발표한 2020년 맞벌이 가구 비중 자료에 따르면 559만3,000가구가 맞벌이 가구로 전년 대비 6만9,000가구 감소했다. 이에 따라 맞벌이 가구 비중은 45.4%로 0.6%P 하락했다. 맞벌이 가구는 2018년 46.3%로 정점을 찍은 뒤 2019년 46.0%, 2020년 45.4%로 2년 연속 감소하고 있다.

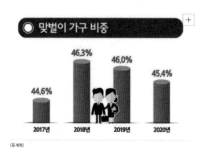

맞벌이 가구 비중

44.6%   46.3%   46.0%   45.4%

2017년   2018년   2019년   2020년

(통계청)

연령별로는 50~64세 237만9,000가구, 40~49세 157만3,000가구, 30~39세 89만8,000가구 순으로 많았고 전년 대비로는 30~30세와 65세 이상에서만 각각 1.1%, 0.4% 증가했다.

비록 최근 들어 맞벌이 가구가 소폭 감소했지만, 과거 10년 전, 20년 전에 비해 많이 증가했다. 여성들의 사회 참여에 대한 인식 전환과 자녀의 사교육비 증가 등으로 인해 많은 여성이 경제 활동을 하고 있기 때문이다.

 – 가족사항: 홍길동(40세), 김아내(37세), 홍아들(10세), 홍따님(7세)
 – 직장사항: 홍길동 씨는 ○○상사 10년째 운영 중, 앞으로 30년 더 운영 예정
 • 향후 10년: 현재 수입보다 연 5% 이상 신장
 • 10~20년: 현재와 비슷
 • 20~30년: 5% 정도씩 감소 예상
 – 재무사항
 • 홍길동 씨: 연 소득 5,000만 원,
 • 김아내 씨: 연 소득 2,500만 원,
 • 연 지출: 3,500만 원,
 • 연 저축(적금, 보험료): 4,000만 원

이런 맞벌이 가정의 라이프 사이클도 일반적인 유형과 크게 다르진 않다. 그 가정의 가장을 기준으로 그린 라이프 사이클 위에 배우자의 수입선을 더해가면 된다. 우선 앞에서도 한 번 설명했듯이 근로소득자 홍길동 씨의 수입선은 다음과 같다.

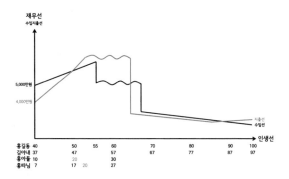

이제, 김아내 씨가 맞벌이를 할 경우, 위 그래프 위에 김아내 씨의 연소득만큼 추가로 그려주면 된다. 맞벌이하는 기간 역시 김아내 씨가 원하는 대로 그리면 된다. 김아내 씨의 일의 특성에 따라 수입선 역시 달라질 수 있다. 홍길동 씨처럼 근로소득자로 일을 한다면, 시간이 경과함에 따라 남편의 수입선을 기준으로 우상향하는 형태로 그리면 될 것이고, 자영업을 한다면 평행하게 물결 모양으로 그리면 될 것이다.

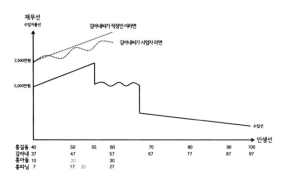

만일 홍길동 씨가 근로소득자가 아니라 자영업을 한다면 다음 그래프 처럼 홍길동 씨의 자영업자 라이프 사이클에 김아내 씨의 수입선만 추가하면 된다.

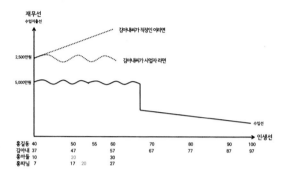

만일 김아내 씨가 근로기간이나 사업기간을 좀 더 늘린다면, 예컨대 향후 20년 정도 일을 더 경우, 김아내 씨의 소득 부분은 아래 그래프처럼 연장해서 그릴 수 있다.

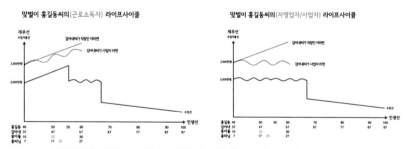

홍길동씨의 직업(근로소득자/자영업자–사업자) 차이에 따른 라이프사이클

여기에 근로소득자 홍길동 씨와 자영업을 하는 김아내 씨 가정의 경우, 지출선을 마저 추가한다면 아래 그림과 같은 형태의 그래프가 나올 것이다.

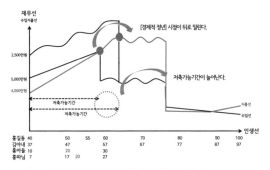

맞벌이 홍길동씨의(근로소득자) 라이프사이클

맞벌이 홍길동씨의 수입선과 지출선

　이렇게 되면 라이프 사이클에 대한 해석도 달라진다. 일반적인 외벌이의 경우라면 홍길동 씨 가정은 홍길동 씨가 50대 중반 정도 되는 시점에 경제적 정년이 찾아오게 되지만, 위 그림처럼 부인인 김아내 씨가 안정적인 사업으로 연간 2,500만 원 정도의 소득을 올린다면 경제적 정년을 몇 년 뒤로 늦출 수 있고, 파란색 점선 동그라미처럼 저축가능기간도 늘릴 수 있다. 그렇게 되면 아래 그림에서 보는 것처럼 저축 여력이 풍부해져 지출 집중 기간에도 부족액을 크게 줄일 수 있다. 결국 맞벌이를 통해 경제적으로 꽤 윤택해졌음을 라이프 사이클을 통해 눈으로 쉽게 확인할 수 있다.

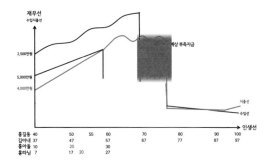

홍길동씨가(근로소득자)가 맞벌이를 할 경우

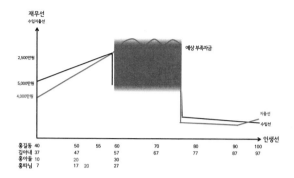

홍길동씨가(근로소득자)가 맞벌이를 하지 않을 경우

한편, 외벌이 근로소득자 홍길동 씨와 맞벌이 근로소득자 홍길동 씨의 라이프 사이클을 비교해 보면 위 그림처럼 수입선도 높아지고 길어짐을 알 수 있다.

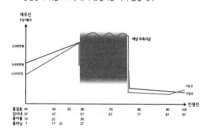

홍길동 씨 가정이 맞벌이를 하지 않을 경우와 할 경우 라이프사이클 비교

삶의 형태에 따른 라이프 사이클

지금까지 홍길동 씨의 사례를 들어 평범한 사람들의 일반적 라이프 사이클을 살펴보았다. 하지만 라이프 사이클은 극히 평범한 사람들에게만 해당하는 도구가 아니다. 어떠한 상황에 있든, 미래에 대한 목표와 현실의 삶에 대한 의지가 있는 사람이라면 누구라도 그려낼 수 있는 '유연한 인생 이미지화 툴'이 바로 라이프 사이클이다. 그런 의미에서 이번 장에서는 좀 더 다양한 유형의 라이프 사이클을 그려 볼 계획이다. 앞에서는 직업 형태에 따라 근로소득자와 자영업자의 라이프 사이클을 주로 살펴보았다. 이번 장에서는 삶에 대한 의지나 방향, 즉 삶의 형태에 따른 여러 유형의 라이프 사이클을 설명하려고 한다. 특히 나이가 다소 많은 중장년과 노년층, 평균보다 높은 수입을 올리는 고소득자, 혼자 살고 있는 독신 가구와 그중에서도 부양가족이 있는 경우와 그렇지 않은 경우 그리고 결혼을 계획 중인 미혼의 경우까지 살펴보기로 하자.

중년

앞서 언급했듯이, 라이프 사이클은 가장의 수입과 가족 구성원 전체의 지출 시점을 비교하면서 한 가족 안에서 자금이 어떻게 흘러가는지 시각적으로 보여주는 그래프이다. 앞에서 우리는 특히 자녀의 교육자금과 결혼자금이 인생의 지출에서 큰 몫을 차지한다는 사실을 살펴보았다. 그러면 자녀가 어느 정도 성장하여 교육자금에 대한 지출집중 구간을 지나왔을 때는 어떤 그림이 나오게 될까? 지금부터 이 경우의 라이프 사이클을 그려보기로 하자.

- 가족사항: 홍길동(55세), 김아내(52세), 홍아들(27세), 홍따님(24세)
- 직장사항: 홍길동 씨는 금속가공업 25년째 운영 중, 앞으로 15년 더 운영 예정
- 재무사항
- 연 소득 5,000만 원, 향후 현재와 비슷한 연 소득 예상
- 연 지출 6,000만 원

홍길동 씨는 현재 마이너스 인생을 살고 있다. 월 평균수입이 400만 원 정도인데, 월 평균지출은 생활비와 교육비 포함해서 500만 원이 넘어간다. 즉 매월 100만 원 정도 마이너스가 나고 있는 것이다.

그렇다면 어떻게 살아가고 있는 것일까? 나름의 방법이 있을 것이다. 학자금 대출을 받거나 금융기관의 신용 담보 대출 등을 활용할 수도 있을 것이다. 또는 지출을 더 줄여 생활비를 아낄 수도 있을 것이고, 저축이나 보험 등을 깨서 부족한 생활비를 충당할 수도 있을 것이다. 아무튼 지금 현재로서는 어렵고 힘든 상황이지만 고생의 터널의 끝이 보이기 시작한다.

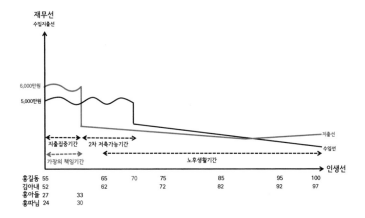

중년 홍길동씨의(사업자) 라이프사이클

한편 홍길동 씨는 경제 상황에 따라 약간의 오르내림은 있었으나 대략 매년 5,000만 원 정도의 소득을 유지해왔다. 아울러 앞으로도 15년, 즉 70세까지는 이 사업을 지속할 계획이다. 그러면 홍길동 씨의 예상 수입선은 위 그림과 같이 그려질 것이다.

지출선은 어떻게 그려질까? 앞서 언급했듯, 지출선의 출발은 현재의 지출 규모를 파악하는 것이다. 현재 연평균 지출은 6,000만 원으로 수입선을 초과한다. 이 경우 과거 어느 시점부터 수입이 지출을 초과했는지 살펴볼 필요가 있다.

아마 과거 7년 전쯤, 아들이 대학 입학하는 시점부터 저축 여력이 거의 없었을 것이다. 그 후 따님이 대학을 들어가고, 두 자녀의 결혼 자금 준비로 허리띠를 졸라매며 지금까지 어려운 재무사항을 유지해 오고 있을 것이다. 아울러 앞으로 따님이 결혼하는 5~6년 후까지 이런 상황이 지속될 것이다.

하지만 홍길동 씨에게 기회는 있다. 우선 현재는 여러 측면에서 재무 사항이 어려울 것이다. 하지만 어려운 시기도 이제 몇 년 남지 않았기에 무엇보다 희망과 자신감을 갖고 지속적으로 인생을 대비해야 한다는 마음가짐이 꼭 필요하다. 좀 더 현실적으로 이야기하자면, 홍길동 씨는 자영업을 하는 사람이므로 본인의 선택에 따라 일을 좀 더 할 수 있다는 장점이 있다. 만약 근로소득자라면 일을 하고 안 하고의 문제를 자신의 의지대로 결정하기가 쉽지 않을 것이다. 홍길동 씨가 건강관리와 사업 운영을 잘해서 60대 중반이 아니라 70대 중반까지도 일할 수 있다면 2차 저축가능기간을 활용해 부족한 노후준비를 크게 염려하지 않아도 될 것이다.

뿐만 아니라 재테크를 한다거나 보험을 준비한다면 좀 더 든든한 노후를 맞이할 수 있을 것이다. 보장성 보험의 경우 지금 준비가 부족하다면 가장의 책임기간인 앞으로 10년 정도를 집중 보장받을 수 있는 정기보험과 노후에 치명적 질병이나 요양을 대비한 건강보험을 당장 준비해 놓아야 노후 부담을 덜 수 있을 것이다.

이렇듯 라이프 사이클을 통해 가장이 나이가 좀 많은 경우에도 남은 인생에 대한 준비를 세울 수 있다. 우리 사회에서는 50대가 넘어가면 은퇴를 이야기하며 마치 인생의 황혼기에 갓 접어드는 시점으로 생각하지만, 평균 수명의 증가와 노인에 대한 사회적인 시각이 바뀜에 따라 나머지 40, 50년을 준비하는 시점으로 보는 게 옳을 것이다. 위와 같은 식으로 직접 내 손으로 남은 인생에 대한 아웃라인을 그려간다면 희망과 즐거움으로 가득한 인생 설계가 가능할 것이다.

고소득 자산가

소위 '슈퍼 리치'로 불리는 소득 상위 1% 이내 계층은 말할 나위도 없겠지만, 부유할수록 인생 살아가는 데 큰 어려움이 없을 것이다. 하지만 인생에 대한 준비 없이 살다 보면 방탕해지기 쉽고, 그로 인해 힘든 인생길에 접어들 수도 있다. 뿐만 아니라 언제까지고 지금처럼 고소득을 유지하리라는 보장도 없으며, 자녀들에 대한 무계획적인 교육비나 과소비 등으로 인해 자산이 급감할 수 있기에, 제아무리 대단한 고소득자라 해도 미래를 대비해 라이프 사이클을 그려 볼 필요가 있다.

- 가족사항: 홍길동(55세), 김아내(52세), 홍아들(27세), 홍따님(24세)
- 직장사항: 홍길동 씨는 개인병원 20년째 운영 중, 앞으로 15년 더 운영 예정
- 재무사항
  • 연 소득 20,000만 원, 향후 현재와 비슷한 연 소득 예상
  • 연 지출 15,000만 원

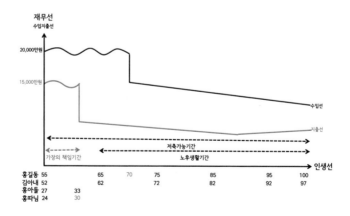

중년 홍길동씨의(고소득 사업자) 라이프사이클

의사인 홍길동 씨의 연 소득은 대략 2억 원 정도이다. 그리고 현재 병원을 향후 15년 동안 더 운영할 생각이다. 이 경우 수입선은 지금 현재와 비슷한 2억 원을 물결 모양으로 70세까지 이어간다. 그리고 병원을 그만두는 시점부터 소득이 줄어들 것이다.

하지만 그간 납입한 국민연금과 개인연금을 통해 수입선이 크게 떨어지지는 않으리라고 예상된다. 한편 지금 현재 지출은 연 1억5천 정도이다. 해외 유학을 하고 있는 두 자녀와 앞으로 다가올 결혼 준비 자금을 위해 일정 부분 지출을 하고 있기 때문이다. 이런 지출선은 아들이와 따님이 결혼하는 대략 5~6년 후까지 이어질 것으로 예상되며, 노후가 될수록 지출선은 많이 늘어날 것으로 예상된다.

고소득 사업가인 홍길동 씨의 라이프 사이클의 가장 큰 특징은 지금부터 은퇴할 때까지 계속 저축 가능 기간이 이어질 수 있다는 것이다. 물론 지금도 많은 부분을 지출하고 있고 앞으로 몇 년 동안 지출집중기간이 더 이어질 수 있으나 수입 자체가 많기 때문에 지출선을 초과해서 이어갈 수 있는 것이다.

따라서 고소득 자산가인 홍길동 씨는 신변에 큰 어려움이 닥치지 않는 한 지금처럼 풍요로운 생활을 이어 갈 것으로 예상된다.

비슷한 연배의 중년이지만, 일반 중년층과 고소득 중년층과는 다음 그림처럼 큰 차이가 날 수 있다.

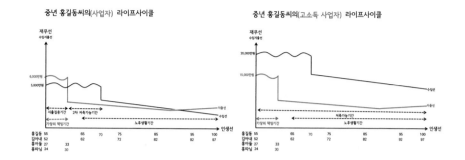

일반 중년과 고소득 중년의 라이프 사이클 비교

만일 중년을 훨씬 더 지난 노년층이라면 어떻게 그려질까?

자녀를 다 출가시킨 65세의 홍길동 씨와 그의 아내 김아내 씨의 라이프 사이클은 아래처럼 그려질 것이다.

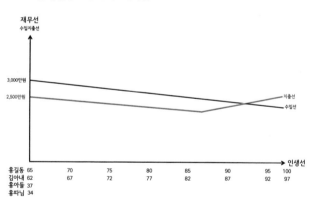

노년 홍길동 씨의 현재 소득은 각종 연금(국민연금, 개인연금)을 합쳐 연 3,000만 원 정도에 이른다. 반면 지출은 연 2,500만 원 정도로 다소 여유가 있는 편이다. 하지만 노후 기간이 이어질수록 경제적인 여유는 없어질 것으로 예상된다. 바로 노후 의료비 때문이다. 노후에 들어가는 의

료비는 크게 기본의료비와 간병의료비로 나눌 수 있다. 기본의료비는 흔히 쉽게 걸릴 수 있는, 감기, 몸살 등을 포함한 생명에 큰 지장이 없는 질환과 당뇨, 고혈압 등 각종 지병에 대한 약물 등으로 들어가는 비용이다. 건강보험 혜택을 받으면 경제적으로 큰 부담은 되지 않을 것이다. 그러나 간병의료비는 차원이 다르다. 간병의료비는 위중한 질병에 걸려 큰 비용이 들어갈 수 있다. 암, 뇌질환, 심장질환 등 사망 원인과 직접 연관이 있는 질환과 파킨슨병, 골다공증, 전립선, 관절염, 안질환, 치과 질환 등 일상생활에 큰 불편을 주는 질환 그리고 치매와 같이 오랜 기간 요양이 동반되는 질환들이다(상세 내용 Book in Book 8 참조). 하지만 지금부터 그런 상황을 대비하기는 쉽지 않다. 우선 지금 특별한 소득 요인이 없다면 경제적으로 여유가 없을 것이다. 만일 과거부터 꾸준히 준비하지 않았다면 대안을 거의 찾을 수가 없다. 노년의 삶에 대해서는 다음 장에서 이어지는 메디컬 사이클과 실버 사이클에서 좀 더 자세히 살펴보겠다.

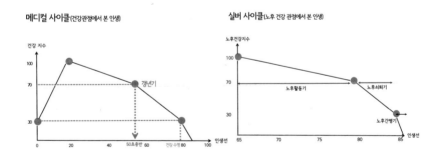

메디컬사이클과 실버사이클

나 홀로 인생을 계획하고 있다면

지금까지는 주로 가정을 꾸린 경우에 대해 살펴보았다. 하지만 독신을 계획하거나 독신으로 살아가는 사람들도 꽤 많이 있다. 그 비중도 점점 더 늘어가는 추세라고 한다. 다양한 삶의 스타일을 추구하는 현대인답게 결혼과 가족이라는 속박에서 벗어나 자신만의 개성을 추구하는 사람들이 많아지고 있다는 의미로 읽힌다. 하지만 혼자만의 홀가분한 인생이라는 생각으로 자금관리를 소홀히 하다가는 그야말로 더 외롭고 궁핍한 노후를 맞을 수도 있다. 정신적으로는 물론 특히 경제적으로 기댈 수 있는 곳이 거의 없기 때문이다. 따라서 독신자들의 경우 다른 사람들보다 더 철저한 자금 계획과 노후대책을 세워둘 필요가 있다. 라이프 사이클이 바로 그 시작점이 될 수 있다. 그러면 독신자들의 라이프 사이클은 어떻게 그려질까?

:: **독신**(부양가족이 있는 경우 - 자녀 또는 부모)

- 가족사항: 홍길동(45세), 어머니(75세), 홍아들(15세)
- 직장사항: 홍길동 씨는 ○○전자 과장, 60세 퇴직 후 70세까지 사업 예정
- 재무사항: 연 소득 4,500만 원, 연 지출 3,500만 원

어머니와 아들이 있는 홍길동 씨의 라이프 사이클은 아래와 같이 그려질 것이다. 우선 현재의 소득이 4,500만 원 정도이고 60세까지 직장생활을 한다면 소득은 완만하게 상승할 것이다.

60세에 회사를 퇴직해 70세까지 자영업을 하면 물결 모양의 수입선이 만들어지고 70세에 완전히 퇴직할 경우 다시 하락하고, 사망 시까지 완만하게 낮아질 것이 예상된다.

반면 지출선은 현재 3,500만 원에서 상당히 가파르게 올라갈 가능성이 크다. 그 이유로는 첫째, 아들이 대학을 들어가고 결혼자금 준비도 더불어 해줘야 하는 부분과 둘째, 고령의 어머니가 각종 의료비 등으로 지출이 크게 늘어날 수 있기 때문이다.

하지만 어머니도 돌아가시고 아들이도 출가한 이후로는 지출은 뚝 떨어질 것이다. 그 상태에서 완만하게 우상향하는 지출선이 만들어질 것으로 예상된다.

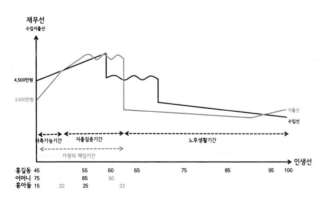

독신(부양가족 有) **홍길동 씨의 라이프사이클**

부양가족이 있는 홍길동 씨의 인생은 지금부터 5년 정도까지는 저축이 가능하고 어머니가 돌아가시고 아들이 출가하기 전까지 지출이 집중되는 기간을 맞이할 것이다. 그리고 이 기간에 홍길동 씨는 가장의 무거운 책임을 내려놓을 수가 없다. 따라서 부양가족이 있는 홍길동 씨의 라이프 사이클은 다소 **빠듯하게** 그려갈 수밖에 없을 것으로 보인다.

만일 홍길동 씨가 부양가족이 없는 독신이라면 어떻게 그려질까?

:: **독신**(부양가족이 없는 경우)

> – 가족사항: 홍길동(45세)
> – 직장사항: 홍길동 씨는 ○○전자 과장, 60세 퇴직 예정
> – 재무사항: 연 소득 4,500만 원, 연 지출 2,000만 원

위 홍길동 씨의 경우 다음 그래프처럼 그려갈 수 있겠다. 수입선은 일 반적인 형태를 띨 것이며, 지출선의 경우 큰 변동 없이 그려질 것이다. 앞에서 살펴보았듯 일반 가정의 지출선은 자녀교육비, 결혼자금 등으로 인해 크게 솟구치는 부분이 생긴다. 하지만 자녀가 없는 독신일 경우 사 실 큰돈 나갈 일이 별로 없다. 소득의 증가에 따른 세금 증가 정도만 고 려의 대상이라 볼 수 있고, 지출선을 높이는 다른 요인은 거의 없다고 봐도 무방하겠다. 따라서 부양가족이 없는 홍길동 씨는 앞으로도 경제 적인 부담 없이 지금처럼 여유로운 생활을 누릴 수 있을 것으로 예상된 다. 다만 노후 기간에 노후생활비와 의료비 지출이 증가한다는 점은 반 드시 고려해야 할 부분이다.

독신(부양가족 無) 홍길동씨의 라이프사이클

한편 부양가족 유, 무에 따른 독신자들의 라이프 사이클은 다음처럼 비교해 볼 수 있겠다.

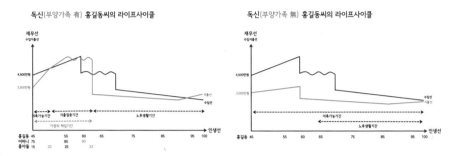

독신 가장의 부양가족 유무에 따른 라이프 사이클 비교

미혼

미혼자의 경우 아무래도 아직은 혼자이다 보니 배우자와 자녀까지 포함된 라이프 사이클을 쉽게 떠올리지 못한다. 결혼을 바로 코앞에 둔 경우에도 예외일 수 없다. 그들에게 인생은 다소 추상적이며 철학적인 관점에 머무르기 쉽다. 예컨대 '행복한 인생', '나누는 인생', '더불어 살아가는 인생' 등으로 자신의 미래 인생을 그리곤 한다. 그러나 실제 인생은 그렇게 낭만적이거나 추상적이지 않다. 특히 '돈 문제'에 있어서는 더욱 그렇다.

몇 해 전 친구가 운영하는 회사에서 일하던 직원 홍길동 씨가 있었다. 당시 컨설팅을 진행하며 실제로 나눴던 대화를 토대로 결혼을 앞둔 경우의 라이프 사이클에 관해 설명해 나가도록 하겠다. 대화는 꽤 오래 진행됐으나 아래 내용은 중요한 대화만 담아 정리했다

- 가족사항: 홍길동(30세), 60대 부모님과 동거
- 3년 후 김아내 씨(27세)와 결혼 예정
- 예상 자녀 2명(아들, 딸)
- 직장사항: 홍길동 씨는 ○○전자 사원, 55세 퇴직 예정, 이후 자영업 10년
- 재무사항: 연 소득 3,000만 원, 연 지출 2,000만 원

몇 마디 인사가 오가고 나서 본격적인 컨설팅에 들어갔다.

저자: 길동 씨 혹시 사귀는 여자친구는 있나요?

길동: 네.

저자: 실례지만 여자친구 나이와 이름이 어떻게 되죠?

길동: 스물일곱 살이고요, 이름은 김아내예요.

저자: 네, 그렇다면 혹시 결혼할 생각은 있으신가요?

길동: 네, 한 3년 후 결혼 예정이에요.

저자: 결혼 후 집은요? 아파트로 갈 생각이에요?

길동: 네, 큰 건 아니고요, 신혼살림이니까… 직장과 가까운 신도시 쪽
      에 23평 정도로 준비하려고요.

저자: 신도시라면 시세가 만만치 않을 텐데요, 전세로 가시나요, 아니
      면 사서 가시나요?

길동: 어휴, 살 형편은 안 되고요, 전세로 들어갈 생각이에요.

저자: 전세라도 가격이 만만치 않을 텐데요.

길동: 네, 3억이 훌쩍 넘더라고요.

저자: 그럴 거예요. 혼수비용도 많이 들겠죠?

길동: 예단, 결혼식장, 사진, 드레스, 신혼여행까지 합쳐서 5,000만 원
      이 넘더라고요.

저자: 본인하고 여자친구가 준비한 금액은 얼마나 돼요?

길동: 다 합쳐서 5,000~6,000만 원 정도요.

저자: 그럼 나머지는 부모님께서 해결해주시는 거예요?

길동: 네, 일부는 부모님께서 도와주시고, 모자라는 비용은 대출받으려고요.

저자: 네… 대부분 그렇게 시작한답니다. 자, 그럼 제가 앞으로 펼쳐질 길동 씨와 아내 될 분 그리고 장차 태어날 아이들과 함께할 길동 씨 인생을 그려 볼게요. 만일 결혼하면 자녀 계획은 어때요?

길동: 요즘처럼 힘든데, 그래도 두 명은 있어야겠죠.

저자: 첫째 아이는 결혼하고 얼마 정도 후에 출산할 예정이에요?

길동: 글쎄요, 바로 갖기는 좀 힘들지 않을까요? 결혼 후 2년 정도 후에 가지려고요.

저자: 그럼 둘째는요?

길동: 첫째 낳은 뒤 2, 3년쯤 있다가요.

저자: 아이들은 아들은 원하세요, 딸을 원하세요?

길동: 저는 아들과 딸 골고루 가지면 좋겠어요.

저자: 네, 그럼 길동 씨와 미래의 가족들의 라이프 사이클은 이렇게 출발하게 되겠네요. 우선 현재를 기준으로 여자친구인 김아내 씨와 홍길동 씨 그리고 미래에 태어날 아들군과 따님양. 한 가족이 인생을 살아갈 가로선을 인생선이라고 하고요, 10년 단위로 나이를 쭉 적어 가볼게요.

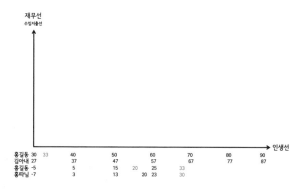

미혼 **홍길동씨의 라이프사이클**(3년 후 결혼 예정)

저자: 그리고 인생을 살아가며 가장 중요한 수단이 있는데, 그게 뭘 것 같아요?

길동: 글쎄요… 돈 아닐까요.

저자: 네, 맞습니다. 물질만능주의가 문제다, 사람들의 가치가 돈으로 평가되는 세상이다 하며 많은 사람이 걱정하지만, 그래도 돈 없이는 현실적으로 살기가 어렵죠. 그런데 돈에는 두 가지 성격이 있어요. 들어오는 돈과 나가는 돈, 들어오는 돈을 '수입'이라고 하고, 나가는 돈을 '지출'이라고 해요. 길동 씨는 이 두 가지 성격의 돈 중에 어느 게 더 중요하다고 생각하세요?

길동: 글쎄요, 아무래도 수입이 더 중요하지 않을까요?

저자: 네, 맞아요. 우리는 수입에 의거해서 살아가기 때문에 들어오는 돈, 즉 '수입'이 더 중요해요. 수입이 줄어들면 대부분 거기에 맞춰서 지출도 줄이게 마련이거든요. 이렇게 들어오는 돈과 나가는 돈의 합계액을 세로선에 '재무선'이라고 표기할게요. 이 재무선은 길동 씨와 아내 씨의 인생에서 들어오고 나가는 돈들의 총량이 어느 정도 되는지 보여줄 겁니다. 그리고 아직 태어나지 않

은 아이들의 나이는 마이너스(-)로 표기할게요. 아직 결혼도 안 했는데 미래 가족들의 인생이 이렇게 전개되어가는 것을 보니, 어때요?

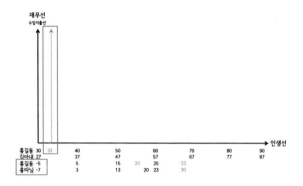

미혼 **홍길동씨의 라이프사이클(3년 후 결혼 예정)**

길동: 와, 너무 신기해요. 아직 결혼도 안 했는데….

저자: 우리가 가까운 미래, 즉 5년에서 길게 10년 정도는 내다보고 생각하지만, 그 이상은 구체화해서 그려가기가 쉽지 않아요. 그래서 오늘 제가 특별히 길동 씨 인생 전부를 상상하게 해드린 거예요. 우리 인생은 길다면 길고 짧다면 또 금방이에요. 나이 지긋하신 분들이 늘 말씀하시잖아요. 나이 먹을수록 시간이 더 빨리 간다고. 길동 씨도 곧 느끼게 될 겁니다. 참, 그리고 김아내 씨의 현재 직업은 뭐죠?

길동: 네, ○○전자에 다녀요. 그런데 결혼하고 나서는 그만둘 예정이에요.

저자: 그럼 홍길동 씨는 현 직장에 언제까지 다니실 것 같아요.

길동: 욕심이야, 능력을 인정받아 사장은 못 돼도 임원까진 했으면 좋겠는데, 쉽지 않겠죠. 그냥 정년인 55세까지 무사히 다녔으면 좋

겠어요.

저자: 55세 퇴직이면… 그 후엔 아무 일도 안 하실 건가요?

길동: 55세면 첫아이가 대학 들어가고 한창 돈이 많이 들어갈 때인데, 마냥 놀고만 있을 순 없겠죠. 걱정이네요. 뭔가 다른 일을 찾아 봐야겠죠?

저자: 네, 그럴 겁니다. 지금도 보통 50대 중반에 첫 직장에서 퇴직하고 대략 10년 정도 다른 일을 하곤 하거든요. 현재는 대부분 자영업을 하는데 사업 실적이 그리 신통치는 않아요. 지금부터라도 회사생활에 충실하면서 정년 이후를 대비해 많은 준비를 하라고 하세요. 직장생활 20, 30년은 금방이거든요. 가능하면 노후에도 써먹을 수 있는 자격증이나, 틈틈이 다른 사업 쪽도 알아보면서 퇴직 후를 준비해야 합니다. 자, 그러면 저하고 나눈 대화를 바탕으로 길동 씨 가족의 평생 수입선을 그려 볼게요.

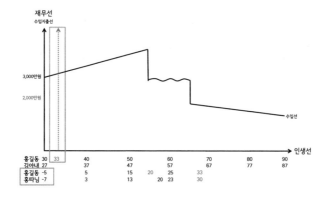

미혼 **홍길동씨의 라이프사이클(3년 후 결혼 예정)**

저자: 길동 씨 가정의 수입선을 살펴보면 홍길동 씨가 55세까지 현 직장에서 근무하다 1차 사회적 정년을 맞게 돼요. 현재를 기준으

로, 1차 사회적 정년 이후 평균적으로 약 10여 년간 자영업을 하고 있으니, 이를 그대로 반영해보면, 홍길동 씨는 60대 중에서 70세쯤 완전히 은퇴하겠네요.

길동: 아, 그렇군요.

저자: 아까 우리 인생에는 들어오는 돈과 나가는 돈이 있다고 했죠? 지금은 들어오는 돈에 대해 알아봤고요, 이제부터 나가는 돈에 대해 살펴보도록 할게요. 현재 지출하는 금액은 수입보다 매우 적을 거예요. 대략적으로 우리나라 사람들의 지출이 수입의 70% 정도라고 가정한다면, 빨간 선의 시작 시점이 현재의 지출이라고 볼 수 있죠. 이 지출은 시간이 지남에 따라 서서히 증가하겠죠?

길동: 네, 그렇겠죠.

저자: 아마도 첫째 아이가 대학 들어갈 때까지 지출이 계속 늘어날 거예요. 이후 따님이 결혼할 때까지 지출은 비슷한 규모로 이어질 겁니다. 그런 다음 자녀들을 다 출가시킨 후 지출은 뚝 떨어졌다가 60대 중반이 넘어 또다시 증가하게 될 거예요. 왜 그런지 아세요?

길동: 글쎄요, 왜 그렇죠?

저자: 노후의료비 때문입니다. 길동 씨, 우리나라 사람들이 잘 걸리는 치명적인 병이 뭐가 있을까요?

길동: 암 아닌가요?

저자: 네, 맞습니다. 그런데 암은 몇 세 정도에 가장 많이 걸릴까요?

길동: 나이 들수록 걸릴 확률이 높아진다고 들었어요.

저자: 네 맞습니다. 암뿐만 아니라 다른 치명적인 질병도 나이가 들수

록 걸릴 확률이 높아집니다. 대부분 노후가 시작되는 65세 이후부터 암 발병률이 급증한다고 합니다. 그러므로 65세 이후 각종 치명적인 질병에 대한 치료비 등으로 비용이 급증하게 되는 것이지요.

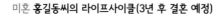

미혼 **홍길동씨의 라이프사이클(3년 후 결혼 예정)**

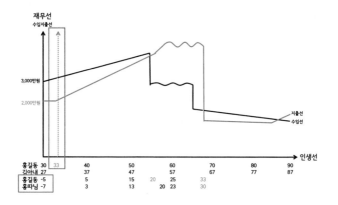

저자: 보시듯이 위 그림이 앞으로 길동 씨가 결혼하고 가정을 꾸릴 경우 예상되는 인생의 모습이에요.

이 그래프에서 지금부터 결혼하고 아들이가 대학을 들어가는 25년 정도는 저축이 가능한 기간이 될 거예요. 하지만 따님이가 결혼을 하는 70세 정도까지는 수입보다 지출이 커질 가능성이 많아요. 이 기간을 지출집중기간이라 볼 수 있고요. 두 자녀를 모두 결혼시킨 후부터는 두 분만의 노후 생활 기간이 시작될 겁니다. 그리고 특히 두 자녀를 모두 출가시키기 전까지 기간을 가장의 책임기간이라고 합니다. 이 기간 동안 길동 씨는 가족을 반드시 지켜나가야 하는 의무가 있게 되고요.

느낌이 어때요?

미혼 **홍길동씨의 라이프사이클(3년 후 결혼 예정)**

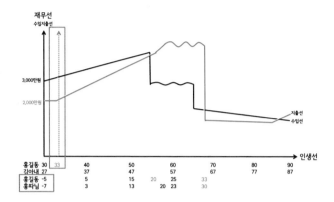

길동: 네… 길다고 느껴지던 인생이 이렇게 간단히 그려질 수 있다는 게 놀랍네요. 그리고 왠지 인생을 살아간다는 게 쉽지 않은 것 같아요.

저자: 네, 맞습니다. 그래서 우리는 인생을 더 철저히 준비하고 계획하며 살아가야 하는 겁니다.

미혼 **홍길동씨의 라이프사이클(3년 후 결혼 예정)**

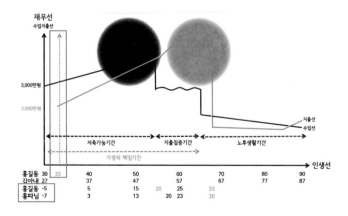

이 그림에서 보듯, 검은색으로 표시된 구간은 인생의 흑자 구간이고 빨간색 구간은 적자 구간이라 볼 수 있어요. 하지만 이 기간에 반드시 흑자가 나거나 적자가 나지는 않아요. 내 인생을 어떻게 계획하고 대응하느냐에 따라 결과는 크게 달라질 수도 있거든요. 중요한 것은 조금 더 계획하고 준비하고 실행하는 거니까, 길동 씨도 오늘 짧은 시간을 통해 많은 새로운 느낌을 얻었으면 좋겠어요.

이상과 같이 다양한 라이프 사이클을 그려봤다. 이외에도 더 다양한 라이프 사이클이 존재한다. 소득이 극히 높거나 낮은 경우, 결혼은 했으나 자녀를 갖지 않는 부부 등 조금 특수한 경우도 라이프 사이클을 통해 언제 얼마만큼의 자금이 필요한지 스스로 가늠해보고 준비해나갈 수 있으며, 인생이 어떻게 펼쳐질지 시각적으로 확인해볼 수 있다. 결국, 자신의 라이프 사이클을 직접 그려 보는 작업은 꼭 돈의 관점에서만이 아니라 인생 전반적인 측면에서 삶의 목표와 의미를 되새기는 계기가 될 수 있다. 따라서 내 인생의 나침반 또는 좌표로서의 라이프 사이클을 그려 보는 것도 의미 있을 것이다.

제4장

만일의 경우
라이프 사이클

40 50
스스로 그려가는
나의 인생 그래프

인생을 위태롭게 하는 다양한 위험들

우리 인생에서 '만일(IF)'을 생각해보면 다양한 상황을 떠올릴 수 있다. '만일 로또에 당첨된다면', '내가 하던 사업이 대박 난다면', 우리 아이가 전교 1등을 한다면' 이런 일들은 상상만 해도 즐거울 것이다. 그러나 우리 인생에는 이런 즐거운 '만일'만 있는 게 아니다. 두렵고 무서운 '만일'도 곳곳에 도사리고 있다. '잘 다니던 직장에서 하루아침에 잘린다면', '보유 중인 주식이 휴짓조각이 된다면', 그리고 무엇보다 두려운, '갑작스러운 사고로 혹시 죽음에 이르거나 몹시 위독한 질병에 걸린다면' 등의 만일도 존재한다. 이런 상황은 상상도 하기 싫겠지만 무작정 외면하고 피할 수만은 없다.

이런 끔찍한 '만일'을 현실화하지 않으려고 우리는 무척이나 노력한다. 열심히 직장생활을 하고, 재산 관리도 철저히 하고, 건강관리를 위해 건강검진도 빼 먹지 않으며, 운동과 식단 조절에도 늘 신경을 쓴다. 하지만 이렇게 노력하는 것으로 모든 '두려운 만일'로부터 자유로워질 수 있을까?

특히 우리 인생에 있어 행·불행을 가를 수 있는 '죽음, 질병, 사고'에 대해서는 경계와 관리만으로 대처하기가 쉽지 않다. 불가항력의 불행은 일정 확률로 누구도 피할 수 없이 다가오기에 '최고의 상황'을 선택하기보다' '최악의 상황'을 피할 수 있도록 준비해 두는 것이 오히려 더 현명하다.

그렇다면 우리 인생에 있어 끔찍한 만일은 어떤 식으로 숨어 있을까?
이번 장에서는 앞에서 살펴본 홍길동 씨 가족의 사례를 들어, 만일의 경우를 상정한 라이프 사이클을 그려보려고 한다.

▌가장의 갑작스런 사망

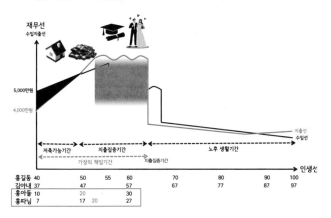

홍길동 씨 가족의 정상적인 라이프 사이클은 앞쪽과 같았다. 그런데 어느 날 가장인 홍길동 씨가 갑작스럽게 사망한다면 홍길동 씨 가족의 인생은 어떻게 바뀔까?
이럴 경우 가족들에게는 하늘이 무너질 듯한 슬픔이 몰려올 것이다.

어떤 표현으로도 형언할 수 없는 아픔이 다가오며 가족의 삶 자체가 흔들릴 것이다. 하지만 정신적인 고통은 잠시, 곧이어 더 큰 아픔이 찾아온다. 바로 경제적 어려움이다.

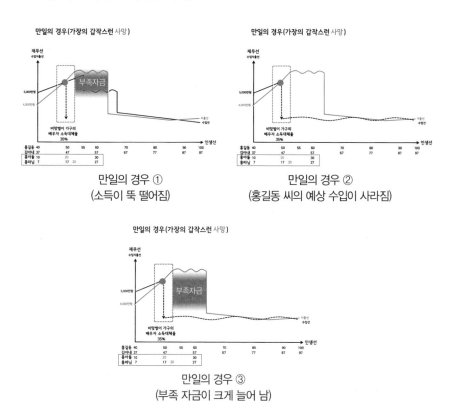

만일의 경우 ①
(소득이 뚝 떨어짐)

만일의 경우 ②
(홍길동 씨의 예상 수입이 사라짐)

만일의 경우 ③
(부족 자금이 크게 늘어 남)

홍길동 씨가 사망하는 순간, 가장인 홍길동 씨의 소득은 절반 이상 사라지게 될 것이다. 맞벌이를 하지 않는다면 배우자의 소득대체율은 35% 정도이니 3분의 1로 토막이 날 것이다. 그러면 위 그림 ①처럼 홍길동 씨 가족의 수입선은 뚝 떨어질 것이다. 그렇게 되면 홍길동 씨의 예상 소득은 모두 사라지고 김아내 씨의 소득선으로 바뀌게 될 것이다.(그림 ②) 그럴 경우 그림 ③처럼 붉은색의 부족 자금이 크게 늘어난다. 이는 곧 가족이 부담해야 할 경제적 어려움이 되는 것이다.

아마 이런 경우 평소 생각했던 삶의 수준을 하향 조정해야 할 것이다. 이렇게 삶의 수준을 하향 조정해야 한다는 의미는, 아이들에게 줄 수 있는 교육의 기회가 줄어든다는 의미고, 남들만큼 결혼 준비를 못 해준다는 것이며, 전반적으로 삶이 찌들고 힘들어진다는 의미다. 게다가 자녀교육의 기회가 줄어든다는 말은 자칫 가장의 부재로 인한 고단한 삶이 대물림될 수도 있다는 의미다.

가장이 느닷없이 가족 곁을 떠날 경우 남겨진 가족들은 두 가지 고통을 겪는다고 한다. 첫째는 정신적 고통이고 두 번째는 경제적 고통이다. 인간은 망각의 동물이라서 야속하게도 정신적 고통은 서서히 잊힌다고 한다. 그러나 경제적 고통은, 극적인 돌파구를 만나 어떻게든 해결되지 않는 한 끝까지 인생의 걸림돌로 남게 된다.

가장의 갑작스러운 치명적 질병 또는 사고

만일 홍길동 씨가 매우 위중한 질병이나 회복하기 어려운 사고를 당한다면, 어떻게 될까? 예를 들어 암, 뇌질환, 심장질환 등 우리나라 사망원인 1, 2, 3위와 및 그 외 생명을 위협할 수 있는 질병에 걸린다면?

2020년 기준 우리나라 사망 원인을 보면 앞서 언급한 3대 질환이 47%로 절반에 육박한다. 이렇듯 중대 질환은 우리 삶을 위협하는 가장 큰 요소이며 이에 대한 대비는 절대적으로 필요하다. 만일 홍길동 씨가 이와 같은 치명적 질병에 걸린다면 홍길동 씨 가족은 어떻게 될까?

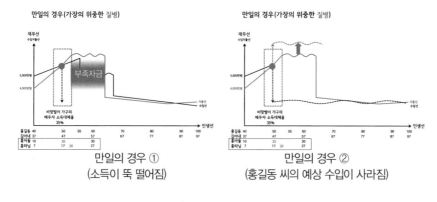

만일의 경우 ①
(소득이 뚝 떨어짐)

만일의 경우 ②
(홍길동 씨의 예상 수입이 사라짐)

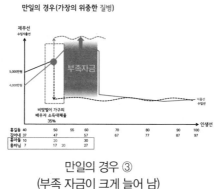

만일의 경우 ③
(부족 자금이 크게 늘어 남)

홍길동 씨가 치명적인 질병에 걸리면, 가장인 홍길동 씨의 소득은 사망할 때처럼 사라지게 될 것이다. 치명적 질병에 걸린 후 현대 의학 기술이 좋아 생존율은 높아지고 있으나, 병 걸리기 전처럼 활동적으로 경제활동을 할 수 없게 된다.

치명적인 질병 발병 시 가장의 경제적 능력은 사망 시의 그것과 다르지 않다. 오히려 지출의 측면에서 볼 때, 가장의 갑작스러운 사망은 가족들의 정신적인 충격이 대단히 큰 반면 경제적인 고통은 소득원의 상실로 정신적인 그것과는 비교도 안 될 것이다. 그러나 치명적 질병이 발생하면 정신적 고통은 좀 덜하겠지만 경제적 고통은 어마어마해진다.

가장의 소득이 끊기고, 입원비, 수술비, 통원비 등으로 경제적인 고통은 엄청나게 크게 다가올 것이다. 그리고 그 경제적 고통의 끝은 누구도 알 수 없다. 최근의 의료수준을 감안한다면 치명적 질병에 대한 완치율도 상당히 높은 편이다. 조금이라도 완치 가망이 있는 질병이라면 가족들은 가장을 위해 그 어떤 경제적인 어려움이라도 감수하며 고통을 택할 것이다. 그러나 긴 병에 효자 없듯이, 세월이 지나며 가족들이 겪는 고통은 현실의 화살이 되어 생활 곳곳에 파고들 것이다. 그러다가 경제적인 이유로 더 이상 병마와의 싸움을 계속할 수 없는 상황에 몰리면, 가장도 잃고 나머지 가족들의 인생도 곤경에 처하는 시점에 도달할 것이다.

다행히도 가장이 건강을 회복하고 열심히 일해준다면 정말 천만다행이겠지만, 그렇지 못할 경우는 가장이 갑작스럽게 세상을 떠나는 경우보다 더 힘든 인생을 살게 될 수도 있다.

또한, 이러한 치명적 질병은 가장에게만 나타나는 게 아니다. 부인이나 자녀들도 치명적 질병에서 예외일 수는 없다. 이럴 경우 가장만큼의 경제적 손실은 없겠지만, 각종 치료비로 인한 경제적 어려움이 가족들의 생계를 좌우하는 일은 없어야 할 것이다. 이런 부분 역시 우리가 인생을 살아가며 반드시 준비해야 할 항목이다.

다음으로 홍길동 씨가 갑작스러운 사고로 회복하기 어려운 장해를 입게 된다면 어떻게 될까?

최근 들어 각종 사고율이 크게 증가하고 있다. 흔히 주변에서 보는 사고는 교통사고가 대부분이었는데 최근 들어서는 교통사고를 포함한 다양한 재해 사고들이 크게 증가하고 있다.

2020년에 행정안전부에서 발행한 재난연감: 사회재난. 2019 자료를 보면,

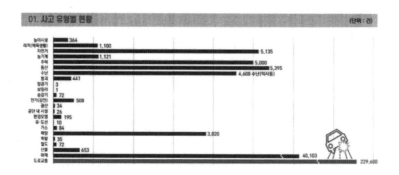

01. 사고 유형별 현황 (단위 : 건)

앞의 그림과 같다. 건수 기준으로 도로교통 사고가 229,400건으로 가장 많았고 그다음으로 화재, 등산, 자전거, 추락, 수난(물놀이 사고), 해양 등이 뒤따른다.

이를 비율로 나타내 보면 아래 그림에서 보듯, 도로교통이 무려 77%에 달한다.

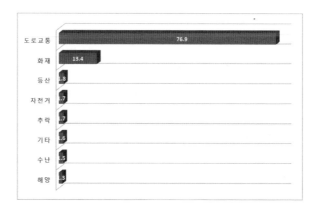

특히 관심 가져야 할 부분은 발생 건수 상위인 등산(3위), 자전거(4위), 수난(물놀이 사고: 6위), 해양(7위) 등 레저 활동과 깊은 관련이 있는 사고들이다. 힐링과 건강을 위해 급격히 늘어나는 레저 인구 못지않게 그에 뒤따르는 사고 건수도 늘어나고 있다는 점이다.

이러한 각종 사고의 경우도 치명적 질병에 걸릴 경우와 비슷한 형태를 띠게 된다. 즉, 홍길동 씨의 소득은 줄어들고 각종 치료비 등으로 지출은 더 늘어나며 상황에 따라 오랜 기간 경제적으로 어려워질 수도 있다.

이렇듯 우리는 인생을 살아가며 의도하지 않은 다양한 위험에 직면할 수 있다. 항상 조심하고 대비하고 관리해야 하겠으나 우리의 노력으로도 어찌할 수 없는 상황에 대해서는 사전 대비밖에는 답이 없어 보인다.

BOOK in book 7.

노후 의료비 현황

한노후에 들어가는 비용으로는 크게 노후 생활비와 노후 의료비가 있다. 노후 생활비는 다시 기본 생활비와 활동 생활비로 나눌 수 있다.

기본 생활비는 의식주를 해결하는 데 들어가는 비용이다. 가족 수도 줄고, 나이가 들며 먹고, 마시는 시간과 양도 줄어들기 때문에, 기본 생활비는 서서히 줄어들 것이다. 한편 활동 생활비는 노후의 각종 교류 또는 취미생활에 쓰이는 비용이다. 친구들과 만나 여행을 간다든가, 스포츠 활동, 사교 모임, 경조사비 등에 들어가는 비용이라고 볼 수 있다.

또 하나의 커다란 지출은 노후 의료비로, 기본의료비와 간병의료비로 나눌 수 있다. 기본의료비는 흔히 쉽게 걸릴 수 있는, 감기, 몸살 등을 포함한 생명에 큰 지장이 없는 질환과 당뇨, 고혈압 등 각종 지병에 대한 약물 등으로 들어가는 비용이다. 건강보험 혜택을 받으면 경제적으로 큰 부담은 되지 않을 것이다. 그러나 간병의료비는 차원이 다르다. 간병의료비는 위중한 질병에 걸려 큰 비용이 들어갈 수 있다. 암, 뇌질환, 심장질환 등 사망 원인과 직접 연관이 있는 질환과 파킨슨병, 골다공증, 전립선, 관절염, 안질환, 치과질환 등 일상생활에 큰 불편을 주는 질환 그리고 치매와 같이 오랜 기간 요양이 동반되는 질환들이다.

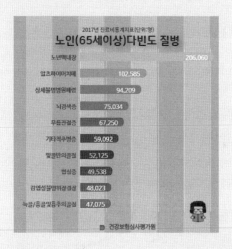

이런 힘든 질환에 걸리게 되면 오랜 기간 입원과 통원 치료를 해야 할 것이다. 만일 노후에 직업이 있다면 직업 활동도 할 수 없을 것이다. 물론 이런 힘든 상황에서 벗어나 회복도 가능하겠지만 육체적으로 왕성한 시점을 지났기 때문에 완전한 건강한 몸으로 돌아가기는 쉽지 않을 것이다. 뿐만 아니라 나이를 들면 들수록 위중한 질병들은 더더욱 많이 발병할 것이고 그로 인해 경제적 어려움도 가중될 것으로 보인다.

아래 도표를 보면, 우리나라 노후 인구의 의료비 지출 현황은 점점 많아질 거로 예상된다.

전체 의료비 중, 65세 이상 의료비 비중

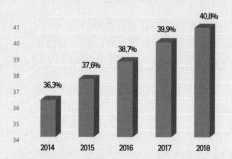

2018 건강보험 주요통계, 2019년 국민건강보험공단

이런 부분들을 정리해 보면 노후 생활비는 나이가 들어가며 점점 줄어들 것이다.

반면 노후 의료비는 서서히 증가하기 시작하여 나이가 많아질수록 더욱 더 급격히 상승하게 될 것이다.

따라서 노후 인생에서는 수입선은 점점 낮아지는 데 비해 지출선은 대폭 늘어나며 제2의 지출초과시점을 맞이하게 되는 것이다.

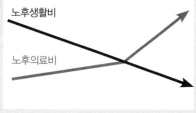

마지막 만일의 경우는 노후에 관한 것이다. 최근 각종 언론에서도 많이 보도되고 있듯이, 우리나라 사람들의 은퇴 준비는 낙제점이라고 한다.

그 가장 큰 원인은 장·중년기, 즉 저축 가능 기간에 합리적인 노후준비보다는 무리한 자녀 교육자금 및 결혼자금으로 경제력을 소진하기 때문이다. 그러나 더욱 큰 문제는 이런 노후준비의 부족이 현재의 노후 세대에서 끝날 것 같지 않다는 점이다. 일제 강점기와 6·25동란을 거치며 세계 최빈국에서 반세기 만에 선진국으로 우뚝 선 우리의 모습은 자랑스럽지만, 빠른 산업화의 진행과 그에 따른 여러 가지 부작용을 감안할 때 그 후유증은 꽤 오래갈 전망이다. 미국이나 유럽 등 여러 선진국의 경우를 본다면 국가의 경제력이 개인들에게 골고루 돌아가기까지 많은 시간이 걸렸고, 또 이는 국가가 완벽히 해결해줄 수 없는 부분이라는 사실을 지금도 목도하고 있다. 즉 노후 대비에 국가도 어느 정도 책임은 있겠지만, 가장 현명하며 확실한 노후준비는 스스로 해나가는 방법일 것이다.

현재 노후를 준비할 수 있는 연금은 크게 네 가지 방법으로 마련할 수 있다. 첫 번째는 전 국민이 의무적으로 가입하는 국민연금을 포함한 4대 공적연금이다. 국민연금, 공무원 연금, 사학연금, 군인연금 등이 그것이다. 가장 가입자가 많은 국민연금의 취지는 납입한 보험료 이상의 연금 수령을 목표로 가입자 모두가 최저 생계비 이상을 보장받는 것이다.

2021년 8월 기준 국민연금 가입자 수는 2,213만 명이고 국민연금 수급자 수는 582만 명 정도이다. 수급자들이 받는 월평균 노령연금액은 552,000원이다. 국민연금의 특징은 실질 가치를 보존한다는 점인데, 연금 최초 수령 시점에서 매년 물가상승률을 반영한다는 점이 장기간의 노후를 실질적으로 보장할 수 있다는 장점이 있다. 반면 국민연금은 국민의 최저 생계 이상의 삶을 보장한다는 의미가 강하기 때문에 풍요롭고 넉넉한 노후를 준비한다면 부족할 수 있다. 현재 저자의 경우 21년째 국민연금을 납부하고 있고 앞으로 60세까지 현 수준으로 납부한다면 65세부터 현재 기준으로 150만 원 정도를 받을 수 있다.

그러나 현재 150만 원이면 아무리 부부 두 명이 산다고 해도 넉넉한 돈은 안 될 것 같다.

구분	부정	보통	긍정
국민연금제도 신뢰도	39.7%	29.2%	31.1%
노후준비 도움 정도	25.8%	34.6%	39.6%

국민연금 제도 신뢰도 및 노후준비 도움 정도

이런 상황을 반영하여 얼마 전 더불어민주당 허종식 의원이 조사한 국민연금 인식조사 결과보고서에 따르면, 아래와 같은 결과를 얻었다.

국민연금 제도 신뢰도 및 노후준비 도움 정도

여기서 시사하는 바는 국민연금이 노후 생활에 큰 도움을 주지 못할 것이라는 의미이다. 앞서 언급한 현재 국민연금 수급자들의 평균 노령연금 수급액은 552,000원으로 이는 다음 그림에서 보여주듯 국민의 최소한의 노후생활비에 훨씬 미치지 못한다.

최소 노후생활비 월 117만원, 부부는 195만원

- 국민연금공단, 국민노후보장패널 8차 조사(2019년) 결과 발표 -

두 번째로 준비하는 것이 기업에서 주는 퇴직연금이다. 퇴직연금은 기존의 퇴직금이 바뀐 제도로 과거에는 기업에서 퇴직금을 운영하다 보니 여러 문제점이 많이 발생했는데, 이런 점을 보완하고 노후준비에 대한 의무감을 강하게 부가하기 위해 2005년부터 개정되어 시행해오고 있다.

세 번째 수단은 개인 스스로가 준비하는 개인연금이다. 개인연금은 모든 금융기관에서 다양한 형태로 판매하고 있는데, 구체적인 내용에 대해서는 다음 장에서 다루기로 하겠다.

마지막은 이런 세 가지 형태의 노후준비가 되어 있지 않을 경우 대체로 선택하는 방법인데, 현재 갖고 있는 동산, 부동산 자산을 현금화하는 방법이다. 어쩔 수 없는 방법으로 선택하겠지만 안타깝게도 우리 국민 대부분이 이런 형태의 노후준비를 하고 있는 것이 현실이다.

이상과 같은 네 가지 형태의 연금을 통해 우리는 노후를 준비하고 있다. 하지만 위 네 가지 방법으로도 충분히 준비되지 않는 것이 우리의 노후이기에 안타까움을 금할 수 없다. 자산을 현금화하지 않고 세 가지 연금만으로 충당하는 것이 바람직한 노후준비 방법일 것이다.

누구도 피할 수 없는 위험들

앞장에서 설명했듯 우리네 인생은 다양한 라이프 사이클로 그려질 수 있다. 그리고 그 다양성 만큼이나 인생에 있어 만일의 경우를 생각해 볼 수 있다. 이번 장에서는 각기 다른 다양한 유형의 라이프 사이클 속에서 만일의 경우가 어떻게 찾아올 수 있는지 알아보고 그 대응에 대해 생각해보는 시간을 갖도록 하겠다.

다만 만일의 경우를 상정함에 있어 가장 치명적인 상황인 갑작스러운 죽음과 심각한 질병 및 상해에 관해서만 설명하며 준비되지 않은 노후에 대해서는 생략하도록 하겠다. 왜냐하면, 준비되지 않은 노후는 위에서 본 것처럼 대부분이 공통으로 겪을 수 있는 상황이기에 같은 내용이 반복될 수 있기 때문에 그러하다.

▌ 사업자의 만일의 경우

앞서 40페이지 근로소득자 홍길동 씨의 경우를 되짚어가며 사업자의 만일의 경우를 설명해 가겠다. 아래 그림은 앞서 본 사업자 홍길동 씨의 라이프 사이클이다.

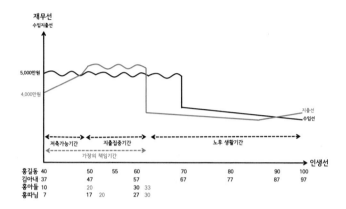

사업자 홍길동씨의 라이프사이클

만일 홍길동 씨가 갑작스러운 사고나 질병으로 사망하게 된다면 아래 그림 ①처럼 수입이 뚝 끊길 것이다. 그리고 부인이 맞벌이를 하지 않는다면 배우자의 소득대체율 35%를 적용하여 크게 하락 후 완만한 물결 모양을 그리며 노후까지 이어갈 것이다. 아울러 홍길동 씨의 예상 수입은 그림 ②처럼 사라질 것이다. 그리고 그림 ③처럼 부족 자금이 크게 증가할 것이다.

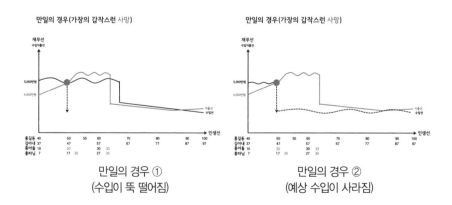

만일의 경우 ①
(수입이 뚝 떨어짐)

만일의 경우 ②
(예상 수입이 사라짐)

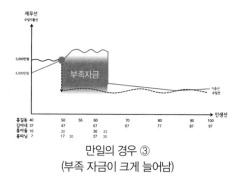

만일의 경우 ③
(부족 자금이 크게 늘어남)

한편 홍길동 씨가 위중한 질병에 걸리거나 중대한 사고로 소득 활동을 하지 못할 경우 어떤 상황이 벌어질까? 위 사망 시처럼 수입은 뚝 끊기고(그림 ①), 앞으로 예상되었던 수입선도 그림 ②처럼 사라질 것이다.

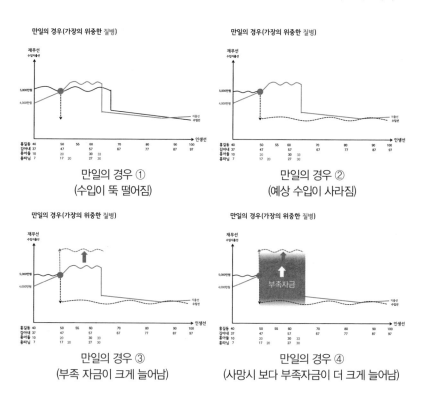

만일의 경우 ①
(수입이 뚝 떨어짐)

만일의 경우 ②
(예상 수입이 사라짐)

만일의 경우 ③
(부족 자금이 크게 늘어남)

만일의 경우 ④
(사망시 보다 부족자금이 더 크게 늘어남)

문제는 여기서 끝이 아니라 그림 ③처럼 사망 시보다 더 큰 부족 자금
이 발생하게 된다. 위중한 질병, 예를 들어 암이나, 뇌혈관질환, 심장질
환의 경우 완치도 쉽지 않기에 회복하는 데 수년이 걸릴 수도 있다. 그
기간 동안 소득 활동을 거의 불가능할 것이며 따라서 생활비로 충당할
많은 자금이 필요할 것이다. 뿐만 아니라 병마와 싸우는 동안 각종 의료
비가 크게 늘어 날 것이다. 수술도 해야 하고 입원비, 각종 통원치료비
등으로 가족들의 경제적인 고통은 더 크게 늘어 날 것이다. 결론적으로
그림 ④처럼 위중한 질병에 걸릴 경우 사망 시보다 더 큰 비용이 소요될
수 있다.

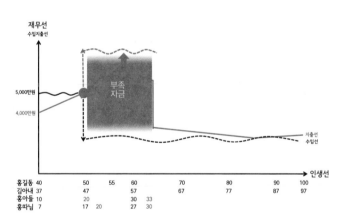

만일의 경우(가장의 위중한 질병)

　따라서 안정된 삶을 살아가기 위해서는 가장의 책임기간 동안 위험에
대비한 보장 설계를 꼭 준비해야 한다. 물론 우리가 살아가며 가장 중요
한 요소가 돈 이기는 하나, 몸과 마음이 건강하고
　그로 인해 가족의 평안함이 있어야 돈도 의미가 있기에 위험을 대비하
는 습관은 반드시 필요하다고 생각한다.

맞벌이 가정의 만일의 경우

다음은 맞벌이 가구의 만일의 경우에 대해 알아보겠다. 앞서 언급한 맞벌이 가구 홍길동 씨의 경우를 가져오면 다음과 같다.

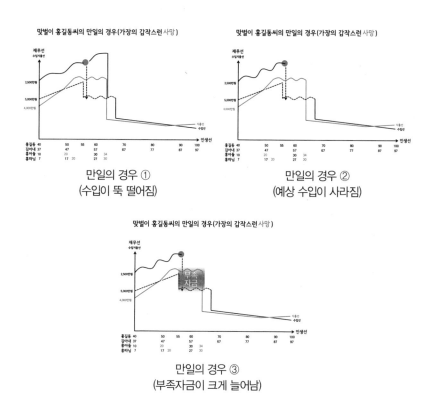

만일의 경우 ①
(수입이 뚝 떨어짐)

만일의 경우 ②
(예상 수입이 사라짐)

만일의 경우 ③
(부족자금이 크게 늘어남)

맞벌이 가구의 특성상 둘 중 한 사람이 갑작스럽게 사망하면 경제적 타격은 피할 수 없다. 주 수입원이던 홍길동 씨든 부수입원인 김아내 씨가 됐든 그림 ①처럼 그 소득만큼 수입은 뚝 떨어질 것이다. 그럴 경우 그림 ②처럼 예상했던 소득은 다 사라지게 될 것이고, 그림 ③처럼 가족의 부족 자금은 크게 늘어날 것이다.

아울러 두 사람 중 어느 한 명이라고 치명적 질병이나 상해를 겪게 된
다면 다음 그림처럼 될 것이다.

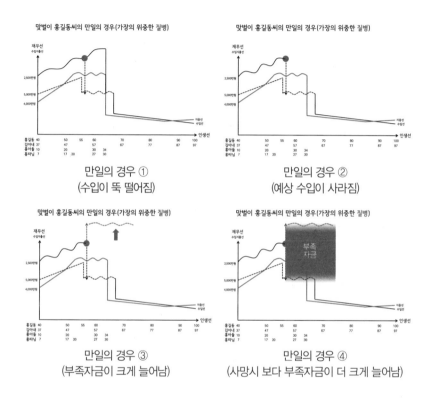

만일의 경우 ①
(수입이 뚝 떨어짐)

만일의 경우 ②
(예상 수입이 사라짐)

만일의 경우 ③
(부족자금이 크게 늘어남)

만일의 경우 ④
(사망시 보다 부족자금이 더 크게 늘어남)

즉, 수입은 뚝 끊기고(그림 ①), 앞으로 예상되었던 수입선도 그림 ②처
럼 사라질 것이다.

그 다음부터는 앞서 언급한 근로소득자나 사업자 홍길동 씨의 경우처
럼 ③, ④ 과정을 거치게 된다.

맞벌이의 경우 두 사람 모두 경제활동에 참여하게 되므로 만일의 경
우가 발생한다면 경제적 타격을 피할 수 없기에 두 사람 모두 자신들의
몸값만큼 대비가 필요하다.

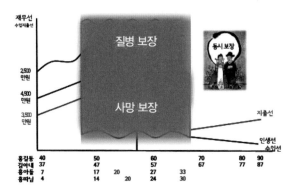

맞벌이 홍길동 씨의 만일의 경우(사망, 질병 또는 상해)

중년의 경우

다음은 중년 가장의 경우에 대해 알아보겠다.

홍길동 씨가 만일 갑작스럽게 사망한다면, 그림 ①처럼 수입은 뚝 떨어지고, 그림 ②처럼 예상되던 수입도 사라질 것이다. 그러나 홍길동 씨의 사망으로 인한 가족들의 경제적 어려움은 크지 않을 것으로 보인다. 왜냐하면, 홍길동 씨는 가장의 책임기간을 어느 정도 벗어났기 때문이다. 물론 부인이 맞벌이를 하지 않고 있었다면 부인의 생활비가 부담될 수 있으나, 무엇보다 자녀들에 대한 경제적 책임에서 벗어날 수 있다. 따라서 중년 이후의 가정에 있어서 자녀가 어느 정도 성장해 출가에 가까이 이르렀다면 사망에 대한 대비는 다소 경감될 수 있을 것이다.

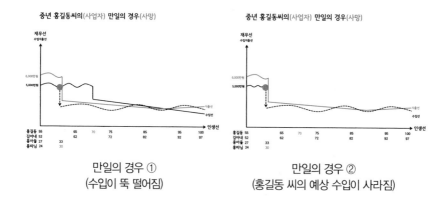

만일의 경우 ①
(수입이 뚝 떨어짐)

만일의 경우 ②
(홍길동 씨의 예상 수입이 사라짐)

그러나 중년 가정에 있어 질병이나 상해에 의한 경제적 손실은 차원이
다르다.

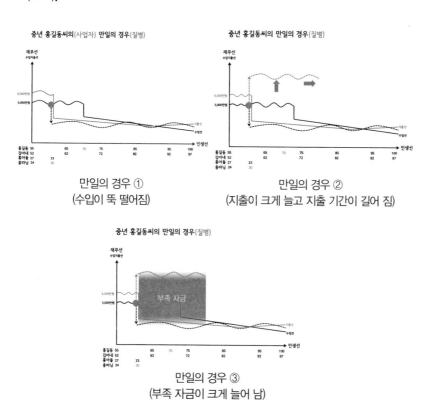

만일의 경우 ①
(수입이 뚝 떨어짐)

만일의 경우 ②
(지출이 크게 늘고 지출 기간이 길어 짐)

만일의 경우 ③
(부족 자금이 크게 늘어 남)

만일 홍길동 씨가 위중한 질병이나 크나큰 상해로 인해 병원에 장기간 입원하여 수술이나 치료를 받게 된다면 그림 ①, ②처럼 소득이 끊기는 건 물론이고 지출은 기하급수적으로 늘어날 수 있다. 이럴 경우 그림 ③처럼 사망 시와는 비교할 수 없을 정도의 경제적 부담감을 느낄 수 있다. 뿐만 아니라 배우자인 김아내 씨가 질병이나 사고를 겪게 된다면 홍길동 씨와 마찬가지로 큰 비용이 발생하게 된다. 따라서 중년 가구의 경우 부부 모두 질병이나 사고에 대한 경제적 대비가 필요하다.

다음으로 고소득 자산가의 경우를 살펴보자.

고소득자인 홍길동 씨가 만일 갑작스럽게 사망한다면, 그림 ①처럼 수입은 뚝 떨어지고, 그림 ②처럼 예상되던 수입도 사라질 것이다. 그러나 홍길동 씨의 사망으로 인한 가족들의 경제적 어려움은 크지 않을 것으로 보인다. 왜냐하면, 홍길동 씨는 가장의 책임기간을 어느 정도 벗어났기 때문이고, 고소득자이기에 지금까지 모아온 돈이 많을 수 있기 때문이다.

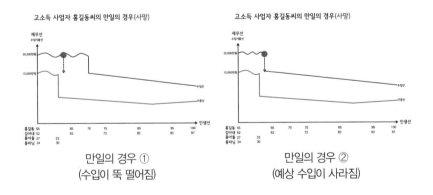

만일의 경우 ①
(수입이 뚝 떨어짐)

만일의 경우 ②
(예상 수입이 사라짐)

하지만 앞서 중년 홍길동 씨처럼 질병이나 사고에 대해서는 다소 취약해질 수 있다. 중년 홍길동 씨처럼 수입이 뚝 떨어지고 지출이 증가하여 부족 자금이 발생할 수 있기 때문이다. 이 경우 반드시 부족 자금이 발생한다고 볼 수는 없으나 엄청난 부를 갖고 있지 않다면 경제적으로 위태로워질 수도 있다는 의미이다.

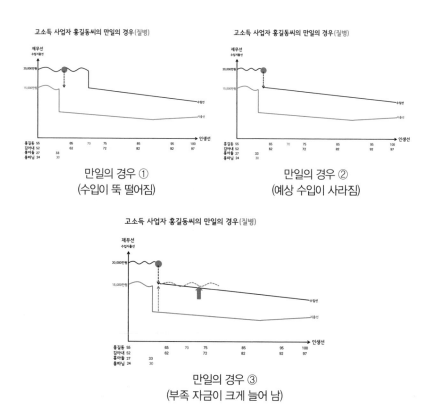

만일의 경우 ①
(수입이 뚝 떨어짐)

만일의 경우 ②
(예상 수입이 사라짐)

만일의 경우 ③
(부족 자금이 크게 늘어 남)

▎노년의 경우

노년의 경우도 는 크게 다르지 않다.

만일 노후에 접어든 홍길동 씨가 사망한다면 본인 명의로 받는 각종 연금이 줄어들 것이다. 이에 따른 소득의 감소는 피할 수 없을 것이지만 배우자 지분만큼은 배우자 사망 시까지 이어질 것이다. 따라서 연금소득이 있는 경우나 그렇지 않다고 하더라도 경제적 능력이 없는 상태기에 큰 문제는 없다.

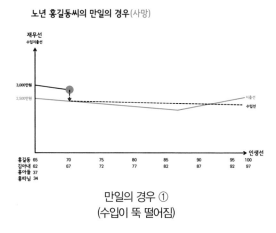

만일의 경우 ①
(수입이 뚝 떨어짐)

그러나 질병이나 사고는 다르다.

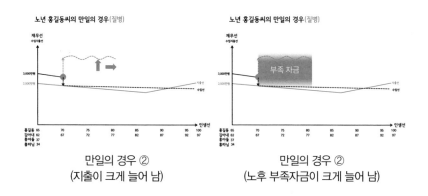

만일의 경우 ②
(지출이 크게 늘어 남)

만일의 경우 ②
(노후 부족자금이 크게 늘어 남)

그림 ①처럼 연금소득이나 기타소득의 변화는 없을 것이다. 하지만 치료비, 통원비, 약제비 그리고 특히 중증 질병의 경우 간병기까지 더해지며 큰 경제적 어려움을 겪을 수 있다.

하지만 이런 경제적 문제를 질병이나 상해가 온 뒤에는 대비할 방법이 없다. 노후의 경제력도 없거니와 각종 보장 역시 노년들을 위해 기다려 주지 않기 때문이다. 따라서 노후를 대비할 수 있는 경제적 장치는 반드시 젊었을 때부터 준비해야 한다.

다음은 독신의 만일의 경우에 대해 알아보자. 독신은 앞서 언급했듯이 부양가족이 있는 경우와 없는 경우로 나눌 수 있다. 우선 부양가족이 있는 독신의 경우에 대해 알아보겠다.

독신(부양가족 有)

앞서 예를 든, 부양가족이 있는 독신 홍길동 씨 사례를 보도록 하겠다.

홍길동 씨에게는 어머니와 열다섯 살 아들이 부양가족으로 있다. 만일 홍길동 씨가 갑작스럽게 사망한다면, 그 시점부터 소득은 바닥으로 떨어질 것이다. 다른 누군가가 소득을 대체해줄 수 없기 때문이다. 74살 고령의 어머니가 해줄 수 없고, 이제 중학생인 아들이 해줄 수도 없기 때문이다.

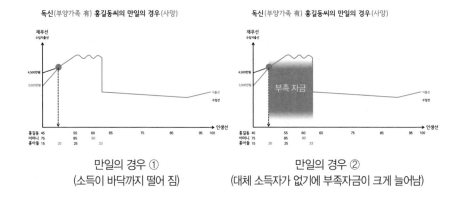

만일의 경우 ①
(소득이 바닥까지 떨어 짐)

만일의 경우 ②
(대체 소득자가 없기에 부족자금이 크게 늘어남)

그럴 경우 그림 ②처럼 홍길동 씨의 남겨진 가족들에게는 엄청난 경제
적인 고통이 뒤따를 수 있다. 이를 위해 홍길동 씨가 할 수 있는 일은 무
엇일까? 그렇다. 만일의 경우를 대비해 보장 자산을 충분히 준비해 남겨
진 가족들이 경제적으로 큰 어려움 없이 살 수 있도록 대비하는 것이다.

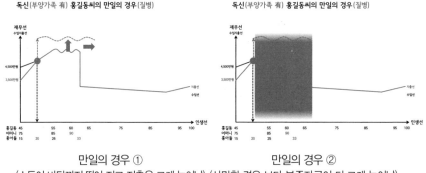

만일의 경우 ①
(소득이 바닥까지 떨어 지고 지출은 크게 늘어남)

만일의 경우 ②
(사망할 경우 보다 부족자금이 더 크게 늘어남)

만일 홍길동 씨가 위중한 질병에 걸렸다고 가정한다면, 소득은 그림
①처럼 사망 때처럼 뚝 끊길 것이다. 그리고 지출은 오히려 더 늘어나고
오랫동안 이어갈 것이다. 그렇게 될 경우, 사망하는 경우보다 훨씬 더 큰

경제적인 타격이 불가피해질 것이다.

따라서 홍길동 씨는 위중한 질병에 대한 대비도 충분히 해놓지 않으면 안 될 것이다.

▎독신(부양가족 無)

다음은 부양가족이 없는 홍길동 씨라면 어떨까? 우선 부양가족이 없는 홍길동 씨가 갑작스럽게 사망하면 그냥 그것으로, 아무 일이 없는 것처럼 돼 버릴 것이다. 남겨진 가족이 없으니 책임질 가족도 없기 때문이다.

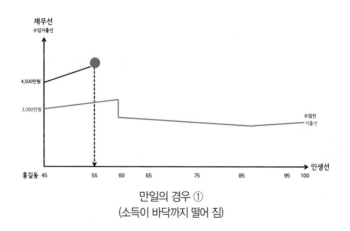

독신(부양가족 無) **홍길동씨의 만일의 경우**(질병)

만일의 경우 ①
(소득이 바닥까지 떨어 짐)

하지만 부양가족이 없는 홍길동 씨가 위중한 질병에 걸린다면 다르다.

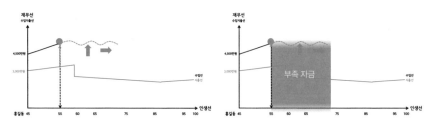

만일의 경우 ② | 만일의 경우 ③
(대체 소득자가 없기에 부족자금이 크게 늘어남) | (사망할 경우 보다 부족자금이 더 크게 늘어남)

일단 그림 ①처럼 소득이 뚝 끊길 것이다. 이 상황에서 자신을 위해 돈을 벌어줄 사람이 없기에 병원비 등으로 지출은 더 크게 늘어날 것이다. 가족이 아닌 스스로 감당해야 할 몫이 엄청나게 커지는 것이다. 따라서 부양가족이 없는 경우라도 사망의 경우에는 큰 상관이 없겠지만 질병의 경우에는 반드시 대비를 해두어야 할 것이다.

마지막으로 아직 결혼하지 않은 미혼의 홍길동 씨의 경우를 보도록 하겠다.

미혼

앞서 언급한 미혼 홍길동 씨가 결혼하고 가족을 갖는다면 수입선은 앞서 본 다른 근로소득자와 별반 다르지 않을 것이다. 하지만 홍길동 씨가 가정을 가진 홍길동 씨가 갑작스럽게 사망한다면 소득은 뚝 끊길 것이다. 부인의 대체소득으로 바닥까지는 가지 않겠으나 그림 ②처럼 부족자금이 크게 늘어날 것이다.

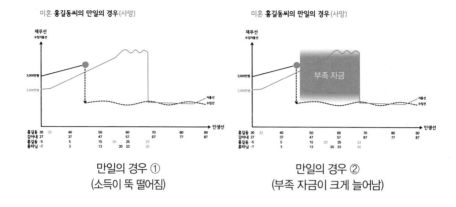

만일의 경우 ①
(소득이 뚝 떨어짐)

만일의 경우 ②
(부족 자금이 크게 늘어남)

만일 미혼 홍길동 씨가 앞으로 결혼하여 가정을 가진 후, 큰 질병에 걸리게 된다면 소득은 떨어지고 지출은 크게 늘 것이다. 사망할 때보다 그림 ②처럼 부족 자금은 더 크게 늘어날 것이다.

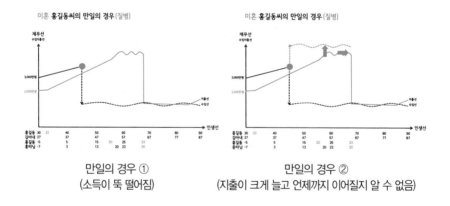

만일의 경우 ①
(소득이 뚝 떨어짐)

만일의 경우 ②
(지출이 크게 늘고 언제까지 이어질지 알 수 없음)

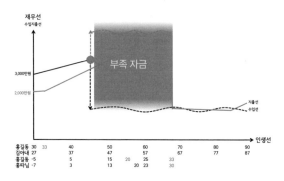

미혼 **홍길동씨의 만일의 경우**(질병)

만일의 경우 ③
(사망할 경우 보다 부족자금이 더 크게 늘어 남)

　이러한 사실을 미리 알고 대비한다면 결혼 이후에 혹시라도 생길지 모
르는 사망이나 질병에 대해서 든든한 대비를 해나갈 수 있을 것이다.

　젊으니까, 건강하니까 나한테는 이런 일은 없겠지, 라고 생각할 수 있
지만, 그런 경우는 예고 없이 찾아올 수 있다. 따라서 지금 현재 20대
30대 젊은 세대라도 라이프 사이클을 보며 앞으로 20년 30년 후의 자신
의 모습을 그려가며 위험에 대비할 수 있는 현명함이 필요하다고 생각
한다.

제5장

메디컬/실버 사이클로
풀어가는 인생 그래프

40 50
스스로 그려가는
나의 인생 그래프

메디컬 사이클
- 생애 주기에 따른 건강상태를 주시하라

앞서 말한 것처럼 3사이클이란 라이프 사이클, 메디컬 사이클, 실버 사이클을 이른다고 했다.

라이프 사이클은 인생에 있어 재무적 관점에서 3대 리스크인 사망, 질병, 노후를 시각적 이미지를 통해 알 수 있게끔 한 것이고, 메디컬 사이클은 인생에 있어 의료적 관점에서 인생을 펼쳐본 것이다. 실버 사이클은 노후 인생에서 삶과 죽음에 이르기까지를 펼쳐본 것이라고 말했다.

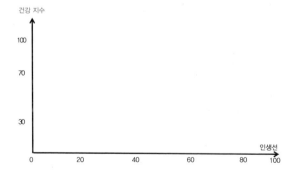

이번 장에서는 메디컬 사이클과 실버 사이클에 대해서 자세히 알아보도록 하겠다.

우선 메디컬 사이클은 가로선을 태어나는 0세부터 100세까지를 인생선이라 그려놓고 세로선은 건강지수라는 이름으로 30점, 70점, 100점으로 나눈다.

그리고 아이가 태어나는 시점을 건강지수 30점에 놓는다. 한편 우리가 인생을 살면서 가장 건강한 시점 즉 건강지수가 100점이 되는 시점을 20대 초반으로 놓는다. 그래서 어린아이가 태어나서 20대 초반에 성년이 되기까지 폭풍 성장을 하는 것이다. 그리고 인간은 20대 중반부터 서서히 노화가 시작된다고 한다. 그렇게 노화가 진행되다가 건강지수가 70점인 시점에 이르러 갱년기를 맞이하게 된다. 대체로 인간의 나이로 50대 초중반에 갱년기를 겪게 되는 것이다. 갱년기란 바뀔 갱(更), 인생 년(年) 자를 쓰는 것으로 즉 인생이 바뀐다는 의미다. 그만큼 인생에 있어 많은 부분이 바뀔 수 있다는 의미로 해석할 수 있다.

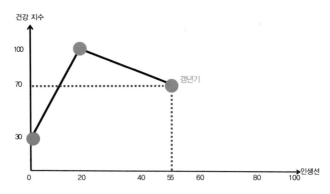

메디컬 사이클 (건강관점에서 본 인생)

갱년기의 원인은 나이에 따른 성호르몬 변화라고 한다. 남성의 성호르몬인 테스토스테론은 40대부터 서서히 감소하기 시작해 죽을 때까지 감소가 이어나간다. 반면 여성의 성호르몬인 에스트로겐은 폐경기를 전후해서 급격하게 떨어졌다. 따라서 남성의 갱년기는 40대 중반 정도부터 시작되고 여성의 갱년기는 50대를 전후해서 급격히 발생한다. 이런 갱년기 증상은 여성들에게 더 민감하게 나타나는데, 이유인즉 여성의 갱년기는 급격히 오기에 육체적 정신적으로 크게 느껴지기 때문이라고 한다. 반면 남성의 경우 10년에서 길게는 15년에 이르며 지나기에 여성들보다 덜 민감하게 느껴질 수 있다. 하지만 갱년기 이후 육체적으로 정신적으로 더 약해지는 것은 남성이기에 남성들의 수명이 여성들보다 짧아지는 것이라고 한다.

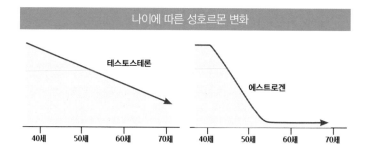

이런 갱년기는 인간뿐만 아니라 다른 포유류도 겪는다. 우리가 흔하게 키우는 개나 고양이의 평균 수명이 10년 정도 되는데 이 아이들은 8세에서 9세까지도 새끼를 가질 수 있다고 한다. 이를 인간과 비교해보면, 인간의 50대가 개나 고양이의 10살하고 비슷하다고 볼 수 있다.

물론 자연상태의 포유류의 평균 수명은 이보다 훨씬 더 짧다. 야생화된 고양이나 들개 무리의 경우 평균 수명은 고작 3년 내외밖에 안 된다고 한다. 이는 영양 상태나 야생에서의 질환 등이 주된 원인으로 인간들도 문명 이전 야생상태에서 20~30년밖에 살지 못했던 상황과 비슷하다.

　이는 문명 이전의 자연상태에서 인간이나 동물이나, 오래 살아봐야 생식 능력을 가지고 있을 때까지인 것이다. 즉 생식 능력이 다하면 수명도 다하게 된다.

　하지만 인간은 문명의 역사 이후, 또한 최근의 현대 의학 발전 이후 수명이 수직 상승하여, 자연상태의 수명보다 몇 배는 더 살 수 있게 되었다. 이렇듯 우리가 100세 시대를 바라보는 것이다. 즉 인간의 의료, 과학 기술이 자연의 섭리 상 종족 번식을 그만해도 된다는 갱년기를 뛰어넘게 만들었다는 해석이다.

　이에 대한 방증이 바로 우리 조상님들의 평균 수명을 통해 보는 것이다. 수백 년 전으로 시간을 거꾸로 돌려 조선 시대 우리 조상님들의 평균 수명은 어느 정도 되었을까 알아보면, 국사편찬위원회 자료를 통해 보면 임금님들의 평균 수명은 47세 정도 된다고 한다. 가장 장수한 영조 대왕께서 82세 그리고 단종이 17세인데 단종은 정치적으로 돌아가셨기 때문에 평균 수명에는 포함되면 안 될 것이다. 단종 외에 정치적 음모에 의해 돌아가신 다른 임금님이 몇 분 계신지 확실한 고증이 없기에, 그런 분들을 제외해도 평균 수명은 50대 초반 정도밖에 되지 않았다.

　한편 임금님들의 사망 원인을 분석해보면 대체로 과로, 스트레스성 질환이 가장 많았고 그 다음이 세균 바이러스성 질환이었으며 자연사하신 분은 불과 세 분(태종, 광해군, 영조) 정도밖에 안 계신다. 임금님들이 스트레스에 시달렸던 것은 우리가 여러 역사책이나 사극을 통해서도 잘 알 수 있다. 그만큼 그 자리가 힘드셨다는 이야기겠다.

반면 전체 인구의 5%~8% 정도 되었던 양반은 대체로 50대 초중반이 었고 양반보다 식생활과 환경 면에서 열악했던 평민들은 50세를 밑돌았 다. 물론 이 부분에 대해서는 영유아 사망률을 제외한 것이기 때문에 영 유아 사망률까지 포함한다면 이보다 훨씬 더 낮았을 것이다.

한편 가장 평균 수명이 높았던 계층은 환관으로 나오는데, 그분들의 평균 수명은 70세를 넘겼다고 한다. 이는 평균 수명과 성호르몬과의 관 계가 있음을 단적으로 보여준다. 우리 주변에서 강아지나 고양이를 키 울 때 대체로 6개월에서 1년 이내에 중성화 수술을 하는데, 이는 번식을 막는 방편도 있지만 가장 큰 이유는 바로 성호르몬 절제를 통해서 건강 하고 오래 살 수 있기 때문인 것이다. 그러나 우리 인간은 중성화 수술 을 할 수가 없다. 그러므로 모든 사람은 태어나서 갱년기를 겪으면서 점 점 노쇠해질 수밖에 없는 운명인 것이다.

우리 조상님들의 사망 원인을 통해 알 수 있는 것은, 갱년기라는 전환 기를 겪으며 누구나 쉽게 질병에 노출되고 삶을 마감할 수 있었다는 것 이고, 현대 의학 발전이 인간만이 장수의 특혜를 누릴 수 있도록 하였다 는 점이다.

갱년기 이후 우리 몸은 급격히 나빠지기 시작한다. 몸 상태가 나빠지 기 시작해 건강지수가 30점이 되는 시점까지를 건강수명이라 하며 그 이 후에는 본인의 의지대로 움직일 수 없는 상태가 되고 사망에 이르게 된 다.

메디컬 사이클(건강관점에서 본 인생)

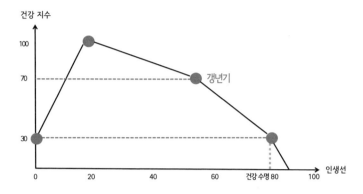

아래 그림처럼 과거의 평균 수명은 50대 전후반이었고, 현재는 80대 초중반 그리고 가까운 미래에 100세 시대가 열릴 것으로 보인다.

메디컬 사이클(건강관점에서 본 인생)

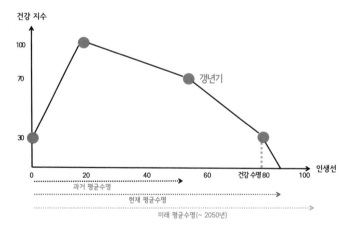

이를 토대로 메디컬 사이클 관점에서 우리의 육체는 4단계의 과정을 거친다고 볼 수 있다.

첫 번째 단계는 태어나면서부터 육체적으로 가장 왕성한 시점인 20대 초반까지로 성장기라고 이른다. 그다음 20대 중반부터 갱년기가 오기 전까지를 활동기라 하고, 갱년기 이후 급격히 나빠지는 시기를 쇠퇴기 그리고 자신의 의지대로 움직이지 못하고 죽음을 기다리는 기간을 간병기라고 하겠다.

메디컬 사이클(건강관점에서 본 인생)

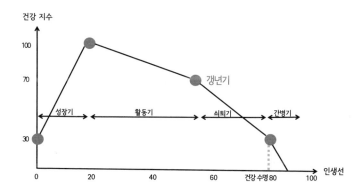

이 4단계를 보다 자세히 들여다보면 다음과 같다.

성장기

성장기에 우리를 위협할 수 있는 것으로는 각종 사고와 선천성 질환 등이다.

메디컬 사이클(건강관점에서 본 인생)

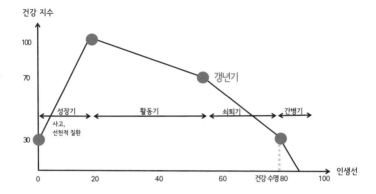

아래 그림에서 보듯 2020년 국내 연령별 사망률에서 29세 미만의 사망률은 남녀 합쳐 평균 1.5% 정도밖에 되지 않고, 성장기가 끝나는 20세 전후로 보면 더 낮을 수 있다.

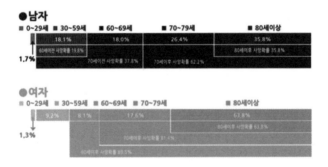

또 이들의 사망 원인을 보면 태어나기 전부터 가지고 있었던 선천적 질환이나 운수사고 등이다.

	0세	1-9세	10-19세	20-29세	30-39세	40-49세	50-59세	60-69세	70-79세	80세 이상
1위	일반적기 기원아비행병 116.7 (48.5%)	악성신생물 1.6 (18.0%)	고의적 자해(자살) 6.5 (41.1%)	고의적 자해(자살) 21.7 (54.4%)	고의적 자해(자살) 27.1 (39.4%)	악성신생물 39.8 (28.3%)	악성신생물 113.0 (36.6%)	악성신생물 270.6 (42.4%)	악성신생물 677.5 (35.7%)	악성신생물 1375.6 (17.6%)
2위	선천 기형 변형 및 염색체 이상 41.1 (17.1%)	운수사고 0.7 (8.0%)	악성신생물 2.2 (14.0%)	악성신생물 4.1 (10.2%)	악성신생물 13.2 (19.1%)	고의적 자해(자살) 29.2 (20.8%)	고의적 자해(자살) 30.5 (9.9%)	심장 질환 55.9 (8.8%)	심장 질환 186.8 (9.9%)	심장 질환 971.5 (12.4%)
3위	영아 돌연사 증후군 21.4 (8.9%)	가해(타살) 0.6 (7.3%)	운수사고 2.0 (12.9%)	운수사고 3.8 (9.4%)	심장 질환 4.1 (6.0%)	간 질환 11.5 (8.2%)	심장 질환 26.2 (8.5%)	뇌혈관 질환 38.9 (6.1%)	뇌혈관 질환 142.9 (7.5%)	폐렴 819.2 (10.5%)
4위	가해(타살) 6.1 (2.5%)	주악 0.6 (6.4%)	심장 질환 0.5 (3.4%)	심장 질환 1.5 (3.8%)	간 질환 3.4 (4.9%)	심장 질환 11.2 (7.9%)	간 질환 24.3 (7.9%)	고의적 자해(자살) 30.1 (4.7%)	폐렴 127.7 (6.7%)	뇌혈관 질환 624.8 (8.0%)
5위	패혈증 1.8 (0.7%)	선천 기형 변형 및 염색체 이상 0.5 (6.1%)	익사 사고 0.3 (2.1%)	뇌혈관 질환 0.5 (1.3%)	운수사고 3.2 (4.6%)	뇌혈관 질환 7.5 (5.3%)	뇌혈관 질환 17.7 (5.7%)	간 질환 24.8 (3.9%)	당뇨병 62.6 (3.3%)	알츠하이머병 340.9 (4.4%)

• 연령별 사망원인 구성비 = (해당 연령의 사망원인별 사망자 수 / 해당 연령의 총 사망자 수) × 100

　　이를 대비해 아이들에게 안전교육과 각종 선천적 질환에 대한 사전 검사와 빠른 치료가 이뤄져야 한다. 최근에는 예방접종이 잘 돼 있고 또 치료 효율도 높아 질병으로 사망하는 영유아는 거의 드문 상태이다.

활동기

메디컬 사이클(건강관점에서 본 인생)

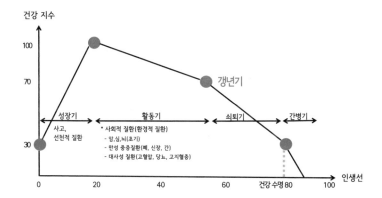

활동기인 20대부터 50대 전까지는 사회적, 환경적 질환들을 조심해야
한다. 암이나 심장질환, 뇌혈관질환 등의 초기 씨앗이 이때 만들어질 수
있으며 각종 중증 질환이나 대사성 질환인 고혈압, 당뇨, 고지혈증 등
이 이때부터 발생하기 때문이다. 현대인에게 치명적인 위 질병들을 저자
는 다 사회적 환경적 질환이라고 부르고자 한다. 2020년 기준으로 한국
인의 사망 원인을 살펴보면 암 27%, 심장질환 11%, 폐질환 7.3%, 뇌질환
7.2% 그리고 자살 4%, 나머지는 기타 사망 요인으로 나타났다. 우리에
게 가장 심각한 질병인 암, 그리고 심장질환, 폐질환, 뇌질환이 전체 사
망 원인의 절반을 차지하고 있는 것이다.

한국인의 사망원인(2020년)

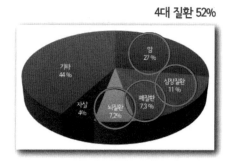

이 중 암 사망률은 다른 질병에 비해 독보적이다. 암 완치율이 높아지
고는 있지만, 암은 몸에 무언가 조치를 하지 않으면 바로 사망에 이를
수 있는 무서운 질병이기에 한시도 마음을 놓을 수 없다. 그렇다면 조선
시대 우리 조상님들에게 암은 어떤 질병이었을까?

이를 조선 시대 사망 원인과 비교해 보면 다음과 같다.

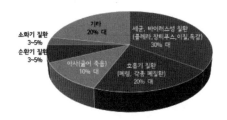

조선시대 사망원인(국사 편찬위원회 자료를 통한 추정)

라이프사이클 연구소에서 추정한 값이며 정확한 근거는 없음)

위 분석값은 조선 시대의 각종 자료를 분석해 만든 추청치이며 명확한 근거는 없다. 조선 시대에는 기본적인 데이터가 없었으며 이에 관한 통계학적인 연구도 부족해 저자와 당사가 머리를 맞대 고민하고 연구한 수치이다. 추후 더 많은 데이터가 나오고 더 깊은 연구가 이루어지면 보다 정확한 분석을 이어갈 것이다.

위 추정치로 보면 가장 높은 사망률을 기록한 질병은 세균 바이러스성 질환이다.

지금처럼 코로나19가 창궐하는 상황에서 옛날 같으면 우리 국민 대다수가 심각한 사망에 이르렀을 수도 있었다는 이야기다. 두 번째가 호흡기 질환으로 감기가 발전돼 폐렴이나 각종 폐질환으로 번지면 바로 사망할 수 있다는 것이다. 세 번째가 굶어 죽는 것이고, 그다음은 순환기, 소화기 질환 등으로 추정된다. 이러한 사망 원인에 기인하는 것으로 비위생적인 환경, 부족한 영양 상태 그리고 치료제가 개발되지 않았기 때문으로 볼 수 있다.

여기서 현대의 가장 두려운 질병인 암과 우리 조상님 시대의 암을 비교해 볼 필요가 있다.

과거에도 암은 있었다. 아래 그림처럼 암은 부위별로 다양하게 불렸다. 《황제내경》이라는 책에서 암 종류를 아래에 나오는 것처럼 어려운 한자로 표기가 되었다.

《황제내경(黃帝內經)》소문(素問)에 처음 수록된 **적취(積聚)**를 시초로
궐산(厥疝) ·산비(疝痺) ·식적(食積) ·식분(息賁) ·장담(腸覃) ·석가(石假) ·
식얼(食) ·영류(癭瘤) ·완저(緩疽) ·석저(石疽) ·징적(積) ·가취(聚) ·얼격(膈)
반위(反胃) ·설균(舌菌) ·육종(肉腫) ·혈종(血腫) ·유암(乳巖)

하지만 현재와 달리 암으로 사망한 사람들은 대체로 전체 사망자의 1~3% 정도로 추정하고 있다. 현재 암 사망자와 비교한다면 10분의 1도 안 되는 셈이다.

그렇다면 왜 조선 시대 우리 조상님들은 암으로 사망하지 않았을까? 암 발병 원인을 보면 좀 더 쉽게 이해할 수 있는데, 암 발병 원인의 80~90%가 바로 사회적 환경적 원인이기 때문이다.

그렇다면 사회적 환경적 질환이란 무엇이며 어떻게 우리 몸에 치명적으로 발생하는지 알아보자.

먼저 암의 발병 원인이 무엇인지 주목할 필요가 있다. 지금까지 알려진 암의 발병 원인은 여러 가지가 있지만, 대표적인 요인들을 좀 더 축약해 보면 다음과 같다.

첫 번째가 미세먼지, 초미세먼지 등과 같은 환경호르몬이고, 두 번째가 과식, 비만 등의 식습관, 세 번째가 스트레스 그리고 마지막 네 번째가 장수이다. 그 내용을 좀 더 세부적으로 살펴보자.

최근 들어 미세먼지와 초미세먼지의 경보 횟수는 점차 늘어나고 있다. 점점 늘어나는 자동차 수와 공장에서 내뿜는 산업공해 그리고 심지어 주변 국가인 중국에서 발생하는 오염 물질까지 다양하게 영향을 미치고 있다.

이런 미세먼지와 초미세먼지는 우리 코와 입을 통해 들어와 폐에서 걸러지지 못하고 혈액을 통해 온몸을 돌아다니며 뇌, 심장뿐만 아니라 각종 장기 등에 영향을 미쳐 사망에도 이를 수 있게 한다.

또한, 흡연도 암 발병 원인의 큰 요소이다. 지금 현재 우리나라에 판매되는 담배는 국산 86종, 수입 64종으로 130종이나 되는데 이 담배의 주원료들은 일산화탄소와 각종 독극물로 이루어져 있다.

우리는 이런 독극물들을 별 주저함 없이 매일매일 하루에 담배를 통해서 흡입하고 있다. 뿐만 아니라 전자담배에도 똑같은 성분들로 이루어져 있는데 전자담배의 경우에는 여러 가지 맛과 향을 통해 흡연의 욕구를 더 증대시키고 그만큼 우리 몸이 더 빨리 나빠지게 하고 있다. 따라서 가능하면 금연하는 것이 본인의 건강수명을 늘릴 방법이라고 생각한다.

암 발병 원인(흡연)

또한 잘못된 식생활 습관을 통해 얻은 비만은 여러 가지 암을 유발할 수 있는 것이라는 보도는 우리가 많이 접해서 알고 있다.

최근 들어서 비만율은 꾸준히 증가하고 있다. 30년간 65% 이상 증가했으며 최근에 고혈압 당뇨 고지혈증과 같은 대사증후군이 비만과는 특별한 연관 관계가 있다고 알려지고 있다.

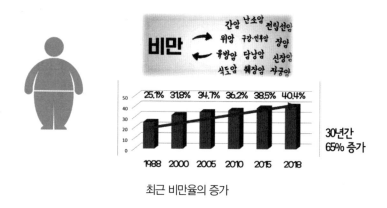

최근 비만율의 증가

아울러 대사성 질환을 보유하고 있는 사람들의 암 발병률은 그렇지 못한 정상군에 비해서 크게 높음을 아래 그림을 통해 알 수 있다.

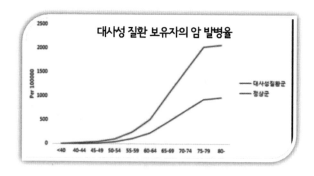

한편 스트레스 역시 암 발병의 주요한 원인으로 지목되고 있는데, 스트레스는 면역 세포의 수와 활동을 떨어뜨려 암의 원인인 활성산소를

증가시키기 때문이다.

우리 몸의 자율 신경계를 면역 체계라고 하는데 바로 교감 신경계와 부교감 신경계로 나눠진다.

교감 신경계란 위험한 상황에서 발휘되는 기전이고, 부교감신경은 안정된 상태에서 나타나는 기전이다. 이런 부분들이 서로 균형을 이루어야 하는데 부조화가 이뤄지면 활성산소가 만들어지고 이런 활성산소가 바로 우리 몸에 나쁜 영향을 미치게 되는 것이다.

우리 몸의 자율신경계 - 면역체계

활성산수(free radical)
우리 몸에서 에너지를 만들고 남은 산소(부산물)
스트레스가 많아지면 활성 산소 수치가 급격히 상승

또한 흡연과 과음 폭식 등도 스트레스 때문에 생기는 위험한 생활 습관이다.

직장인의 스트레스 해소법과 관련된 라이프 사이클 연구소 설문을 응용하면 다음과 같다. 가장 많이 찾는 것은 고칼로리의 음식을 먹음으로써 해소한다는 내용이고, 두 번째가 즐거운 시간을 보내는 것, 세 번째가 음주, 네 번째가 샤워 또는 목욕이라고 한다. 물론 그 뒤를 이어 쇼핑과 다른 여러 가지 취미 활동도 있으나, 고칼로리 음식을 먹고 술을 마시는 거로 스트레스를 해소하는 것은 결코 우리 몸에 좋지 않다.

그렇게 암에 취약해진 현대인들은 암 발병률이 급격하게 증가하고 있다.

암 발병 추이를 보면 연평균 3.5% 정도의 증가율을 나타내고 있고 여성의 암이 남성보다도 훨씬 더 급증하고 있음을 알 수 있다. 이유는 바로 여성 호르몬과 관련된 유방암, 자궁암, 난소암의 발병률이 높아지고 있고 이는 여성들의 영양 섭취가 좋아지며, 초경이 빨라지고 폐경이 늦어지는 것과 큰 상관관계가 있다고 한다. 앞으로 이러한 여성 특정 암에 의한 발병은 계속 이어질 것으로 예상된다.

또한 암은 한 번 발생해서 끝나는 것이 아니라 재발하거나 다른 장기로 전이되거나, 또는 암을 완치하고 나서 또 다른 암이 생기는 2차 암 등으로 계속 우리의 삶을 위협한다. 암 환자의 5년 생존율은 최근에 70%를 넘어서고 있지만, 이 암이 다른 장기로 전이가 되고 2차 암으로 발생하는 것에 대해서 지속적으로 오랜 기간 관리를 해야 되는 것이다.

그래서 암이 발생하는 것은 그것만으로도 힘들 뿐만 아니라 차후 관리가 더 힘든 싸움이 될 수도 있는 것이다.

이러한 암은 그 종류도 계속 늘어나고 있다. 현재 암의 질병 코드는 C00부터 시작해 C97까지 총 98가지 종류가 있고, 발생 부위별에 따라서 600종 이상으로 분류가 된다.

하지만 과거 20년 전에는 암의 질병 코드가 92가지였고 지금처럼 세부 분류하면 500여 종이 있었다 하니, 20년 사이에 암 종류가 100가지 이상 늘어난 셈이다.

끝나지 않는 암의 공포 (전이 암/재발 암/2차 암)

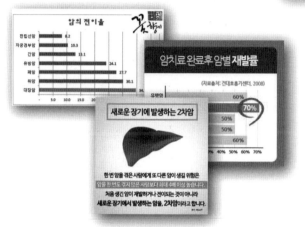

즉 우리 몸은 점점 암에 취약해지고 있고 종류도 많아지고 다양해지고 있다는 것이다.

따라서 암은 선택의 여지가 없는 질병이라고 볼 수밖에 없다.

암 발병률(2000년 ~ 2012년)

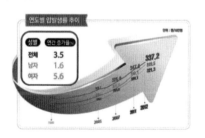

암 발병률

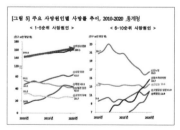

암 발병률은 과거 10년까지만 해도 연간 3% 이상 급증했으나 최근 들어 완만해지고 있는 경향을 보인다.

심장/뇌혈관 질환 발병 원인

구분	심장 질환	뇌혈관 질환
1	대사성 질병 (고혈압, 당뇨,고지혈증)	가족력
2	흡연	대사성 질병 (고혈압, 당뇨,고지혈증)
3	스트레스	흡연
4	고령	스트레스
5	가족력	고령

사회적/환경적 질환

　암뿐만 아니라 심장질환이나 뇌혈관질환에도 사회적 환경적 요인이 아주 크게 작용하고 있다.

　따라서 우리의 생을 위협하는 중대한 질병들은 대부분 사회적 환경적 질환이라고 분류할 수 있다.

쇠퇴기

　한편 갱년기 이후 쇠퇴기에 접어들어서는 기존에 가지고 있었던 다양한 질병들이 심화되는 단계에 이른다. 암, 심장질환, 뇌혈관 질환이 서서히 드러나기 시작하고 고혈압이나 당뇨병, 고지혈증과 같은 대사성 질환들이 더욱더 심화되기에 이른다. 뿐만 아니라 치매에 대한 초기 증상도 시작된다.

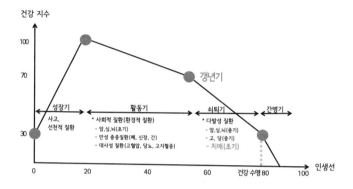

메디컬 사이클(건강관점에서 본 인생)

갱년기 이후 치명적 질병 발병률을 보면 연령별 암 발병률도 갱년기 이후에 급증하는 형태를 나타내고, 뿐만 아니라 심혈관 질환 발병률도 50대에서 60대 들어서는 평균보다 1.3배에서 2.5배까지 폭증하는 것을 알수가 있다.

갱년기 이후 치명적 질병 발병

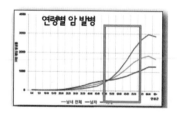

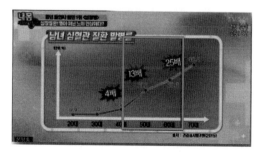

또한, 연령별 이런 질환들에 대한 중복 질환 보유율도 50대와 60대를 넘어서면서 급격히 증가하고 있는 양상을 보여준다. 따라서 갱년기 이후 우리 몸은 연약한 갈대와도 같다.

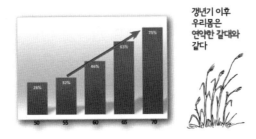

연령별 중복 질환 보유 대사성 질환 2개 이상 보유 비율

갱년기 이후
우리몸은
연약한 갈대와
같다

뿐만 아니라 이때부터 치매가 서서히 드러나기 시작하는데, 노인들에게 물었더니 가장 걱정스러운 질병이 치매라는 답변이 25.4%나 되었다.

또한, 65세 이상 치매 환자 유병률도 계속 늘어나고 있고, 조만간 치매 환자 100만 명 시대를 돌파하고, 앞으로 30년 이내에 300만에 가까운 치매 환자가 발생할 것으로 예상이 된다.

치매가 더 두려운 이유는 아직 치매에 대한 확실한 치료제가 없기 때문이다. 그저 미리 예방하는 방법밖에 없는 것이고, 또한 약물 치료와 비약물 치료를 병행하는데 거기에 대한 비용이 엄청나다는 것이다. 무엇보다 두려운 것은 환자가 가족들과의 과거의 소중한 추억을 다 잃어버리고 쓸쓸히 죽음을 맞이하는 것이기에 더 안타깝다.

간병기

마지막으로 간병기에 접어들어서는 이런 부분들이 직접적인 사망 원인으로 나타난다. 대부분의 고령자가 사망할 때 한 가지 질병으로 사망하는 것이 아니라 여러 가지 복합적인 질환들을 통해서 사망에 이르기 때문에 그런 것이다.

메디컬 사이클(건강관점에서 본 인생)

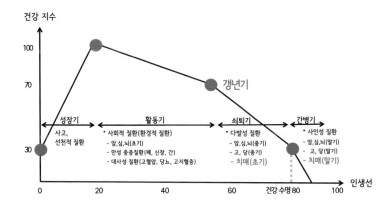

실버사이클
- 건강하게 나이 드는 방법을 찾아라

한편 우리 몸이 급격히 나빠지는 갱년기를 지난, 노후가 시작되는 65세부터 따로 떼어서 설명한 것이 바로 실버 사이클이다.

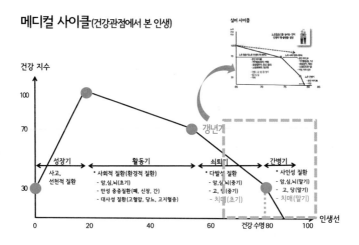

실버 사이클은 노후가 시작되는 65세부터 평균 사망 나이인 85세 즈음까지 노후건강지수를 나타낸 것이다.

아래 그림처럼 노후가 시작되는 65세 시점이 노후 건강지수를 100점으로 설정하고, 그다음에 70점, 30점으로 놓고, 노후활동기, 노후쇠퇴기 그리고 노후간병기의 세 단계로 나눈다.

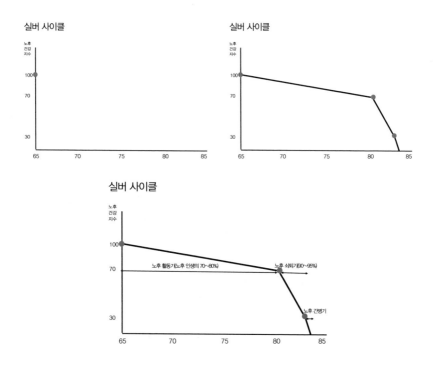

노후활동기는 노후 인생의 70~80% 정도에 해당한다. 65세부터 현재 평균 수명인 85세 정도를 본다면 20년의 80%인 15년 내외가 될 것이다. 이 기간에는 본인의 의지대로 어지간한 것은 다 할 수 있다. 취미나 여행과 같은 여가 활동도 할 수 있고, 운동도 달리기나 등산, 골프 등 다소 힘든 운동도 소화해낼 수 있다. 노동도 육체적 정신적 노동을 다 할 수 있다. 하지만 고혈압, 당뇨, 관절염을 비롯해 각종 장기에 대한 지병들이 서서히 심화되기 시작하고, 암이나 뇌혈관질환 심장질환 등 치명적인 질병이 왔거나 조만간 올 수도 있다. 아울러 치매도 함께 시작되는 기간이

기도 하다.

실버 사이클

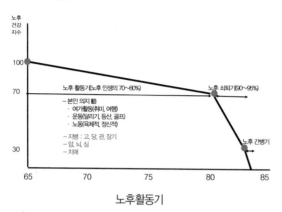

노후쇠퇴기는 노후 인생의 90~95%인 3~4년 정도에 해당하는 기간
으로, 이 기간에 접어들면 본인의 의지대로 할 수 있는 것이 줄어든다.
여가 활동도 잠이나 TV 시청 정도로 제한되고 운동도 걷기나 간단한
체조 등으로 심한 운동을 하기는 어려워진다. 노동도 간단한 일 정도만
가능하다. 그리고 이 기간에 본인이 가지고 있었던 각종 지병과 치매가
심화하는 단계에 이르게 된다.

실버 사이클

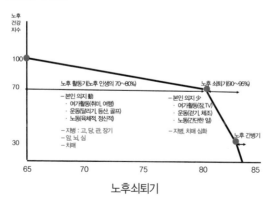

마지막으로 노후간병기는 짧게는 서너 달에서 많게는 2~3년에까지 이르는데, 이 기간 동안은 본인의 의지대로 할 수 있는 게 별로 없다. 주변의 간병인이나 배우자 자녀들의 도움으로 연명하는 기간일 뿐이다. 그리고 나중에는 사망에 이르는 것이다.

실버 사이클

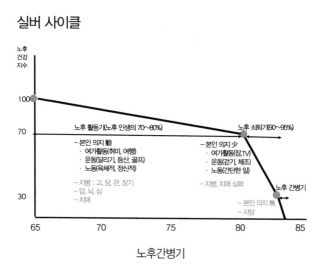

노후간병기

이렇듯 메디컬, 실버 사이클을 통해 우리 삶의 여정이 어떻게 이어가는지 알아봤다. 특히 우리 삶의 전체적인 행, 불행은 노후의 삶이 어떻게 영위되느냐에 따라 크게 좌우된다. 따라서 나이를 먹어 가고 노후 인생에 접어들수록 건강한 삶을 만들어가기 위한 노력을 함께 해나가야 한다. 더불어 노후 삶에 있어서 노후활동기의 연장은 무엇보다 중요하다. 우리가 최근 들어 지향하는 100세 인생은 다음 그림처럼 만들어져 가야 한다.

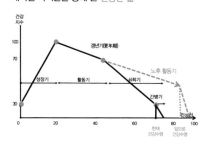

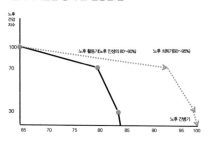

메디컬, 실버 사이클을 통해 본 100세 시대

　이런 삶을 위해서는 마냥 현대 의학의 힘만 빌려고 해서는 안 될 것이다. 그렇게 되면 1년 365일 내내 병원 신세만 져야 할 것이다. 그것보다는 보다 적극적으로 삶의 모습 자체를 바꿔 나가야 한다. 운동이나 금연, 절주 이런 부분들을 꾸준히 실천해 건강한 육체를 오랫동안 이어가도록 해야 한다. 그리고 정기적인 건강검진으로 갑작스럽게 찾아올 수 있는 건강 이상 상황을 대비해 꾸준히 체크하는 습관이 필요하다. 마지막으로 경제력을 준비해야 한다.

　무엇보다 몸이 아파지고 힘들어지면 병원을 자주 찾게 되는데, 경제적인 부담 없이 현대 의학의 혜택을 누리기 위해서는 반드시 필요하다. 그래서 가장 중요한 것이 노후에 받을 수 있는 연금이다. 국민연금과 퇴직연금 그리고 스스로 준비하는 개인연금을 최대한 많이 준비해 부족함이 없도록 해야 할 것이고, 그 다음에 노후에 갑작스러운 질병 악화 등을 대비할 수 있는 다양한 보험 혜택을 준비해야 한다. 이러한 각자의 노력이 수반되지 않고 오래 살 수 있다는 것만으로는 오히려 100세 시대는 재앙이 될 뿐이다.

따라서 100세 시대를 건강하게 맞이하는 삶의 자세가 필요한 것이다.

한편 메디컬 사이클과 실버 사이클을 통해서 우리 인생은 만만치 않다는 것을 알 수 있었다. 하지만 준비하지 않으면 더 어렵다. 그러나 다행히도 해결책이 있다.

최근에 치명적 질병 이후 사망률과 발병률과 관계를 보면 질병 발병률은 꾸준히 증가 추세지만, 발병 후 사망률은 꾸준히 감소하고 있다.

이는 역시 현대 의학 발전이 크게 기여하고 있기 때문이다. 이런 이유로 앞으로의 100세 시대는 무한 장수를 뜻하는 무병장수(無病長壽)의 시대가 아닌 병을 함께 지니며 오래 사는 유병장수(有病長壽)의 개념으로 바뀌어야 한다.

최근 사망/치명적 질병 발병률 현황

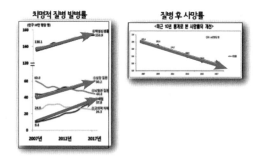

일례로 과거의 암은 걸리면 죽는 무서운 질병이었다. 현재도 역시 무서운 질병이기는 하나 전체적으로 암 5년 생존율은 70%를 넘어서고 있고 조만간 완전정복이라는 현실도 다가올 것이다.

따라서 암에 대한 인식도 과거에는 걸리면 사망하는 무서운 질병이었으나 현재는 육체적으로, 경제적으로, 정신적으로 힘들지만 완치할 수도 있는 질병으로 바뀌고 가까운 장래에는 약간의 아픔과 비용은 들지만 그리 힘든 질병이 아니라는 인식으로 대체될 수 있다.

　과거 외과 수술이 발달하지 못한 시점에서는 맹장염 같은 경우를 급살병이라 하여 갑작스럽게 사망하는 무서운 질병이었다. 그러나 현재 맹장염은 크게 두려운 질병으로 인식하지 않는다. 하루 이틀 입원하고 맹장이 있는 곳에 관을 삽입해 절제할 수 있을 정도로 아주 간단한 시술에까지 이르렀다. 암 역시 마찬가지로 인식이 바뀔 것이다. 또한, 암뿐만 아니라 다른 중대한 질병인 심장질환이나 뇌질환, 치매와 같은 것도 정복의 날이 머지않았다고 생각이 된다. 그래서 앞으로 우리가 사는 세상은 무병장수하는 세상이 아니라 유병장수하는 세상으로, 병을 다스리며 함께 오래 사는 그런 세상이 올 것이다.

제6장

행복한 인생을
준비하는 첫걸음

40 50
스스로 그려가는
나의 인생 그래프

인생의 우산은 꼭 준비하자

행복한 인생을 준비하기 위한 포트폴리오 원칙

포트폴리오의 사전적 의미는 개개의 금융기관이나 개인이 보유하는 각종 금융자산의 명세표 또는 다양한 투자대상에 분산하여 자금을 투입하고 운영하는 일 등으로 정의할 수 있다. 대체로 주식투자 등 확정적이지 않은 금융상품에 투자할 때 자산가치 하락 또는 궤멸을 막는 방법으로 거론되는 금융용어다. 그러나 포트폴리오는 단지 금융상품에 투자하는 방법으로만이 아니라 우리 인생에도 접목할 수 있다. 우리의 인생 자체도 하나의 투자 목적이라면 그에 걸맞게 노력이나 자금을 적절히 분산하는 것이 맞을 것이다. 결국, 좀 더 준비하고 계획하는 삶을 살아가려면 한정된 소득으로 삶의 각 단계별 분산투자가 필요할 것이다.

특히 이번 장에서는 전체 소득을 기준으로 미래를 대비할 수 있는 구체적인 방법에 대해 알아보겠다. 특별히 이번 방법은 현재까지 형성된 자산은 배제하고 라이프 사이클상에서 예측 가능한 수입을 중심으로 어떻게 지출을 해가면 가장 좋은지 알아보겠다. 물론 현재까지 자산을 많이 형성한 분이라면 좀 더 수월하게 미래를 준비해갈 수 있겠지만, 우리나라 사람들 대부분의 경우를 본다면 집 한 채 갖고 있는 것 외에 별다른 자산이 없다고 가정해도 큰 무리는 아니라고 생각한다.

▌솔루션을 위한 세 가지 접근

:: 소득별 계층별 구분

솔루션을 설명하기 위해서는 우선 세 가지 측면에서 접근할 필요가 있다. 첫째는 소득별 계층을 구분할 필요가 있다. 앞서 설명한 라이프 사이클은 대부분 평균치를 기준으로 구성했다. 쉽게 설명하고자 예를 들기 위해서였다. 그러나 당연하게도 개개인들의 삶은 매우 다양할 것이다. 특히 우리나라 사람들의 삶의 스타일은 개인적인 취향도 있겠지만 소득 규모에 따라서 좌우되는 경우가 더 많다고 볼 수 있다. 따라서 소득을 통한 계층별 구분이 필요하다. 이런 계층별 소득 수준에 따라 가계지출 항목별 내용이 다를 것이다.

예를 들어 10% 정도로 추산하는 고소득층의 경우 일상의 생활비와 단기저축, 노후를 대비한 연금, 만일을 대비한 보장자산 준비 비율이 상대적으로 소득이 적은 중산층이나 저소득층과 많은 차이를 나타낼 것이다. 이에 대해서는 국내 유수의 대기업 경제연구소 자료를 참고하여 설명하도록 하겠다.

우선 소득 수준에 따라 우리는 크게 3개 그룹으로 나뉜다. 첫째 고소득층, 둘째 중산층, 셋째 저소득층이다. 고소득층은 중위소득 기준으로

200% 이상이라고 정의하는데, 여기서 중위소득이란 전체 인구의 중간 층의 소득을 일컫는다. 2020년 기준으로 우리나라의 중위소득은 대략 연 소득 기준으로 5,000만 원 정도이며, 이를 기준으로 50% 이상, 200% 미만을 중산층이라 규정하고, 50% 미만을 저소득층으로 분류한다. 이런 기준으로 본다면 우리나라 고소득층은 전체 가구 수의 10%, 중산층은 70%, 저소득층은 20% 정도로 파악할 수 있다(이에 대한 판단은 저자의 주관적 기준이며, 타 연구기관과 다를 수 있음).

또 한편 이런 소득 수준별로 생활비, 단기저축, 노후연금 그리고 보장성보험에 대한 분산투자율이 달라질 수 있다. 이에 대해서 국내에서 소득 계층별 지출수준이나 저축수준이 연구된 바 없기에 명확한 근거를 제시하기는 쉽지 않다. 또한, 그런 원칙이 있다 하더라도 각자의 인생관과 경제에 대한 가치관이 다르기 때문에 어떤 것이 옳고 그름을 전제하기는 쉽지 않다. 따라서 본 책에서는 저자의 컨설팅 경험과 일반적인 상식과 재무설계의 관점하에서 소득수준별 지출, 단기저축, 연금, 보험에 대한 비율을 설정해 설명하겠다.

:: 생활비 개념

우선 생활비란 전체 소득에서 단기 또는 장기 저축과 각종 보험료를 제외한 모든 지출로 정의할 수 있다. 즉 전체 소득에서 모으는 돈을 뺀 나머지를 생활비로 규정한다. 그렇다면 생활비란 우리가 일상적으로 쓰고 있는 모든 돈을 의미한다고 봐도 될 것이다. 학자금, 각종 세금 및 공과금, 의식주와 관련된 비용, 기타 잡비까지 모든 지출을 생활비로 볼 수 있는 것이다.

최근의 다양한 재무설계 관련 이론상 생활비에 대한 정의 역시 다양하게 나오고 있다. 여러 학자나 전문가 입장에서 보면 약간의 차이점은 있으나 큰 맥락에서 본다면 크게 차이 나지는 않는다. 라이프 사이클이 정교한 인생 예측 자료가 아니므로 이 부분에 있어서는 시비가 없었으면 좋겠다. 일반적이고 일상적인 관점에서 이해해주길 바란다.

그렇다면 우리 사회의 10% 정도를 구성하는 고소득층은 소득을 어떻게 나눠 쓰고 있을까?

저자가 생각하는 합리적인 포트폴리오 기준은 다음과 같다. 우리나라 고소득층은 소득의 60% 정도를 생활비로 쓰고 단기저축으로 15%, 노후를 대비한 연금으로 15%, 그리고 만일을 대비한 보장성보험으로 전체 소득의 10% 정도로 쓰면 적당할 것 같다. 우리나라의 중산층인 중위소득 50%~200%인 가구는 소득의 70% 정도를 생활비로 쓰고, 단기저축으로 10%, 노후를 대비한 연금으로 10% 그리고 만일을 대비한 보장성보험으로 전체 소득의 10% 정도를 쓰면 좋을 것이다. 마지막으로 우리나라 저소득층은 소득의 80% 정도를 생활비로 쓰고 단기저축으로 10%, 노후를 대비한 연금으로 5% 내외 그리고 만일을 대비한 보장성보험으로 전체 소득의 5% 내외를 정도로 쓰면 합당할 것이다. 이는 저자의 다년간 컨설팅 경험에 의한 것으로 개인의 견해에 따라 달라질 수 있다.

:: 단기저축/연금자산/보장자산 개념
다음으로 각 계층별 소득 포트폴리오에서 활용하고 있는 방법, 즉 단기저축, 노후를 위한 연금자산, 만일을 대비한 보장자산의 내용과 준비방법에 대해 알아보도록 하겠다.

우선 단기저축은 대체로 1년에서 5년 미만의 저축을 통해 자산을 형성하는 것을 말한다. 은행이나 투신사, 저축은행, 증권회사 등 단기간 적립해 일정 기간 후 사용할 목적으로 돈을 모으는 수단이다. 자금의 형태로는 자녀의 교육, 결혼자금, 주택구입 또는 확장자금, 기타 긴급예비자금 용도로 활용하기 위해 모으는 돈이다. 소득 수준별 준비도는 고소득층이 전체 소득의 15% 내외, 중산층은 10%, 저소득층은 5% 정도가 적합하다.

두 번째는 만일을 대비한 보장자산이다. 보장자산을 구성하는 데는 주로 보장성보험을 통한 준비를 권유한다. 보장성보험은 크게 종신토록 사망 원인과 관계없이 보장받는 종신보험과 일정 기간 사망 원인과 관계없이 보장받는 정기보험, 그리고 일정 기간 특별한 질병, 예컨대 치료가 어렵고 비용이 많이 드는 질병에 대한 진단자금, 수술 및 치료 자금 용도로 가입하는 질병보험, 각종 상해나 질병으로 병원에서 입원에서 치료 통원까지 실비를 보상하는 의료실비보험 등으로 크게 나눌 수 있다.

소득 수준별 준비도는 고소득층이 전체 소득의 10% 내외, 중산층은 10%, 저소득층은 5% 정도가 적합하다. 상품에 대해서 좀 더 구체적으로 살펴보면 다음과 같다.

- **종신보험**: 가입 시점부터 생을 마감하는 순간까지 보장받을 수 있고, 보험을 종신까지 유지하면 반드시 보험금을 지급받는 상품이다. 경제적 가장이 사망하거나 고도의 장해를 입게 되었을 때의 위험을 대비할 수 있다. 종신보험에 암, 상해, 입원비 등 여러 가지 특약을 선택하여 피보험자를 위한 기능을 추가할 수도 있다. 일반 종

신보험과 달리 일정 기간이 지나면 보장금액이 줄어드는 더블종신 보험, 물가상승에 따른 보험금의 가치 하락을 대비하는 변액유니버 셜 종신보험도 있다.

- **정기보험**: 정기보험은 종신보험과 보장 내용은 같지만, 보장 기간이 일정하게 정해져 있다는 점에서 구별된다. 암, 상해, 입원비 등의 특약을 선택할 수 있지만, 특약의 보장 기간은 정기보험 주 계약의 보장 기간을 초과할 수 없다. 필요에 따라 진단을 추가로 받지 않고도 종신보험으로 변경할 수 있다. 종신보험이 경제적으로 부담될 경우 차선책으로 정기보험을 고려해볼 수 있다.

- **실손형 의료실비보험**: 병·의원 및 약국에서 실제로 지출한 의료비를 최대 90%까지 보상하는 상품이다. 100세까지 실제 사용한 병원비와 약제비 중 일정한 금액을 공제한 후에 지급하는 민영의료보험이라고 할 수 있다. 특약으로 암, 상해, 입원비, 진단비 등을 추가할 수 있다.

- **암보험**: 기존의 생명보험처럼 만기가 되거나 사망 시에 일정액의 보험금이 지급되는 것이 아니라, 가입자가 보험 기간 중 암에 걸렸을 경우 치료비를 지원하고, 암으로 사망하면 다시 보험금이 지급되는 상품이다. 상대적으로 저렴한 보험료를 지불하고 경제적 부담이 큰 암 치료비를 보장받을 수 있다는 장점이 있다. 암보험에는 갱신형과 비갱신형 두 가지 종류가 있다. 갱신형은 3년이나 5년 등으로 보험 기간을 설정한 뒤, 그 기간이 지나면 나이와 위험률을 다시 적용하

여 보험료를 재산출하고 계약을 갱신한다. 초기에는 보험료가 저렴하지만, 만기까지 계속 납입해야 하고, 갱신 시점에는 보험료가 증가한다는 단점이 있다. 반면에 비갱신형은 보험 기간 동안 보험사의 손해율에 상관없이 동일한 보험료를 납부한다.

■ 변액보험: 다수의 보험 계약자가 납입하는 보험료 중 저축보험료를 따로 분리하여 별도의 분리계정을 통해 주식이나 국채·공채·사채 등 주로 수익성이 높은 유가증권에 투자하고, 그 투자수익을 보험 계약자의 환급금(해약환급금 또는 만기환급금)에 반영하는 상품이다. 투자수익의 성과에 따라 보험금 지급 사유가 발생할 경우 지급되는 보험금액이 변동한다는 특징이 있다. 변액보험의 종류에는 변액연금, 변액유니버셜 보험, 변액종신보험 등이 있다.

　마지막으로 노후를 대비한 연금자산 형성을 위한 방법은 크게 세 가지 범주로 나눌 수 있겠다.
　연금은 일반적으로 국민연금, 기업연금, 개인연금 세 가지로 구성되어 있는데, 이를 '연금의 3층 보장체계'라고 한다. 1층은 국민연금과 직역연금 등으로 이루어진 공적연금, 2층은 퇴직금 또는 퇴직연금, 3층은 개인연금으로 구성된다. 1988년 국민연금제도, 1994년 개인연금제도, 2005년 퇴직연금제도가 도입되면서 연금의 3층 보장체계가 완성되었다. 국민 대부분은 이러한 세 가지 종류의 연금으로 노후 소득을 보장받고 있다. 그러나 많은 사람들이 노후를 설계할 때 다양한 연금이 필요하다는 사실을 제대로 인식하지 못하고 있다. 국민연금만으로 노후자금이 충분할 것이라는 엄청난 오해를 하는 경우도 있다.

전문가들은 은퇴 후 필요한 노후자금이 근로기간 중 받았던 평균소득의 70% 정도가 되어야 한다고 조언한다. 만약 은퇴 전 자신의 월평균 소득이 500만 원이었다면 은퇴 후에는 최소한 매월 350만 원의 소득을 확보해야 하는 것이다. 은퇴 전의 생활 패턴이나 지출 규모를 그대로 유지할 수는 없겠지만, 어느 정도 품위 있고 편안한 노후생활을 누리기 위해서는 원래 소득의 70% 정도를 노후자금으로 준비해두어야 한다. 자신에게 필요한 노후자금 중에서 70~80%는 앞에서 언급한 3가지 연금에서 마련되어야 한다. 이때 국민연금에서 40~50%, 퇴직연금에서 20~30%, 개인연금에서 20~30%를 조달하는 것이 가장 적절하다.

소득 수준별 준비도는 고소득층은 전체 소득의 15% 내외를, 중산층은 10%, 저소득층은 5% 정도가 적합하다.

구체적인 준비 방법

:: 보장자산

보장성 보험을 통해 보장자산을 준비하는 데는 몇 가지 기준이 있다.

첫째, 현재 나의 보험정보를 파악하는 것이다.

내가 지금까지 여러 경로를 통해 보험을 준비했는데, 즉흥적이고 별 계획 없이 들었더라도, 현재의 보험료 납입에 큰 지장이 없고, 보장 정도가 충분하다면 크게 고민할 필요가 없는 것이다.

그러나 보험 가입 내용이 내 삶의 목표와 크게 맞지도 않고 발생의 확률이 떨어지는 곳에 집중되거나, 중복되어 쓸데없이 보험료 부탁만 크다면 그것은 좋은 보험이 아닐 것이다.

둘째, 나의 보험료 납입을 파악하는 것이다. 경제적인 여유가 충분해서 보험을 크게 든다면 큰 문제는 없을 것이다. 그러나 한정된 소득으로 보장을 늘리면 보험료 납입에 대한 문제는 반드시 발생할 것이다. 그래서 현재의 내 소득에 적합한 규모의 보험에 가입해야 한다. 나의 보험료 납입 여력을 초과해 가입한다면, 처음에는 의욕과 열정으로 열심히 납입하겠지만 보험의 특성인 장기간 납입이란 상황에 직면하면, 장기간에 걸친 보험료 납입에 대한 부담으로 인해 납입이 중지된다면, 더 이상의 보장도 받기 어려울 뿐만 아니라 중도에 해지하게 되면 금전적으로 내가 원하던 만큼 받을 수 없을 것이다. 따라서 현재 소득 및 추후 납입 여력까지도 고려해 보험료 규모를 설정할 필요가 있다.

적당한 규모는 앞서 언급한 바 소득 규모에 따라 다음과 같이 정리할 수 있다.

고소득자(15%), 중산층(10%), 저소득자(5%)

셋째는 가입하려는 보험의 크기나 보장받는 기간이다. 물론 위에서 언급한 것처럼 경제적인 여유가 있어 일단 보험 가입을 크게 가져간다면, 그리 나쁠 건 없을 것이다. 하지만 그것은 매우 어려운 일이라는 것을 잘 알 것이다. 그래서 적당한 규모의 보험에 가입해야 하는 것이고, 그 적당함이란, 현재 나의 보험 가입 여력으로 가능한 것이 되어야 하는 것이다. 예를 들어, 나는 1억의 보장자산을 갖길 원하지만 그럴 경우 월 30만 원의 보험료를 납입해야 한다면 상당히 부담스러울 것이다. 그럴 때는 어떻게 하겠는가? 방법은 있다. 보장자산 1억을 마련하는 방법에는 위처럼 종신보험을 주계약 1억에 보험료 납입기간을 10년으로 해서 보험료 30만 원으로 설계하는 방법이 있는 반면, 종신보험 주계약을 1억을 설치하지만 30년 납으로 하면 보험료는 20만 원 이하로 줄어든다.

또 종신보험이 아니라 정기보험으로 설계하여 60세 정도까지 가입한다면 보험료 부담은 더 줄어들 것이다. 이런 식으로 주 계약액에 대한 보험료 납입기간을 조절하는 방법과, 종신보장보다는 일정 기간 보장을 받는 정기보험의 형태로 보장자산을 마련하는 방법이 있다.

이를 보험 가입의 대·장·금이라고도 한다. 여기서 대(大)란 보장의 범위를 일컫는다. 보장의 혜택을 받을 수 있는 범위가 넓어야 한다는 뜻이다. 흔히 우산에 비유하는데, 우리가 비 올 때를 준비하는 것이 우산인데 이 우산이 작아서 몸의 일부 밖에 가려 주지 못한다면 제대로 역할을 할 수 없다는 의미이다. 과거 재해보험이나 상해보험 등이 이에 속하는데, 재해나 상해는 우리가 일생을 살아가며 발생의 확률이 사실 그다지 높지 않다.

연간 사망자 수를 보더라도 재해사망 대 일반사망은 8:92 정도이다. 즉 연간 100명 중 재해사망은 8명에 불과하고 대부분의 사람들이 일반사망 즉 질병으로 사망한다는 의미이다. 따라서 보험을 준비한다면 재해사망보다는 일반사망 중심의 보장자산을 준비해야 한다. 이러한 우산의 크기는 다양한 보험 상품에 다 적용될 수 있다. 그래서 가급적이면 보장받을 수 있는 범위가 커야 만일의 경우를 확실하게 대비할 수 있는 것이다.

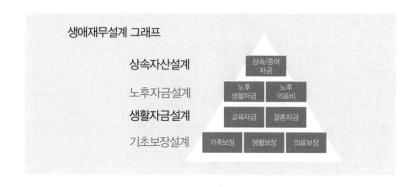

생애재무설계 그래프

상속자산설계	상속/증여 자금	
노후자금설계	노후 생활자금	노후 의료비
생활자금설계	교육자금	결혼자금
기초보장설계	가족보장	생활보장	의료보장

    저자가 생각하는 대(大)는 크게 3가지 관점에서 이야기할 수 있다. 흔히 생애재무설계에서 이야기하는 '기초보장설계'에 해당하는 것으로 첫째, 가족보장설계자금이다. 이는 가장의 갑작스러운 사망으로 가족이 회생할 수 있을 때까지의 생활자금을 의미한다. 배우자가 다른 직업을 가질 때까지 생계를 책임질 수 있는 자금, 또는 대출 등을 상환할 자금 등으로 의미를 지을 수 있으며, 대체로 가장의 연 소득의 3배에서 5배 정도를 준비하길 권장한다.

    다음으로 생활설계자금은 두 가지 측면에서 고려될 수 있다. 첫 번째는 가장의 치명적 질병 발병 시 앞서 언급한 것처럼 소득이 상실될 수 있으므로 소득 상실 기간 동안의 가족의 생활비 관점에서 필요한 액수와, 두 번째는 실손보험이 준비되지 않았을 경우 입원비와 치료비를 포함한 의료 경비 부분이다. 실손이 준비된 경우라면 대체로 가장의 연 소득의 1배에서 1.5배 정도가 필요하고, 실손이 준비되어 있지 않다면 가장의 연 소득의 2배 정도를 권장한다.

    마지막이 의료보장설계이다. 이는 우리가 일상적으로 죽을병에 걸리지 않더라도 병원에 자주 가고 가끔씩 중대한 질병이 오더라도 실손보험을 통해 경제적인 부담을 커버해야 하는 것을 의미한다. 실손보험은 전

가족 모두가 가입해야 할 필수적인 항목이다. 위 3가지를 우리는 생애재무설계에 있어서 '기초보장설계'라고 하며, 모든 보험의 기초 요소로 인정하고 있다.

대장금의 두 번째 요소인 장(長)은 보험의 기간도 잘 고려해야 한다는 의미이다. 인간은 누구나 다 한 번을 죽는다. 그러나 중요한 것은 타이밍이다. 언제 죽느냐가 문제인 것이다. 예를 들어 자식들 다 키워서 혼인까지 마친 80대 남자는 가장으로서 가족들에게 큰 의미는 없다. 그렇다고 죽음의 의미가 없다는 말은 아니다. 경제적 가치 면에서 그렇다는 것이다. 그분은 굳이 80세까지 수억 원의 보장을 위해 한 달에 수십만 원의 보험료가 필요 없다는 의미이기도 하다. 물론 여유가 있다면 괜찮겠지만, 우선순위의 자금이 필요한 항목들도 많이 있는데 한 달 보험료로 큰 비용을 치를 필요는 없다. 이럴 경우에는 기간이 정해진 정기보험에 가입하는 것이 좀 더 유리할 것이다.

또 한편으로 건강보험의 경우를 예를 들어보자. 치명적 질병, 예를 들어 암은 인생의 어느 시기에 많이 걸리겠는가? 40대? 50대? 아니다. 대체로 나이를 먹을수록 암에 많이 걸린다.

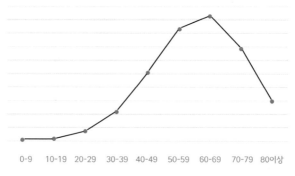

연령별 암 발병률(건강보험심사평가연구원, 2021년)

또 얼마 전에 읽은 신문기사에서 우리나라 남자들은 평생 암에 걸릴 확률이 35%를 넘는다고 한다. 이런 경우 암보험은 몇 세까지 가입하는 게 유리할까? 당연히 오랜 기간 보장받는 게 유리할 것이다. 60세 또는 70세까지밖에 보장을 못 받는다면, 그 이후에 암에 걸리게 되면 기록적인 비용부담으로 제대로 치료도 못 받고 사망할 가능성이 매우 커질 것이다.

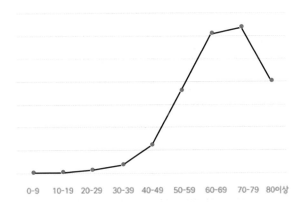

연령별 뇌혈관질환 발병률(건강보험심사평가연구원, 2021년)

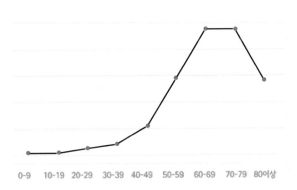

연령별 심장질환 발병률(건강보험심사평가연구원, 2021년)

이렇듯 질병보험 보장 기간은 길면 길수록 좋고 반면 사망 보장은 가장의 책임기간에는 가급적 크게, 이후로는 좀 줄여나가도 괜찮을 것이다.

세 번째로 금(金)은 보험금을 의미한다. 물론 큰 보험을 들면 보험금을 많이 받겠지만, 우리네 형편을 생각하면 무작정 큰 보험을 들기는 쉽지 않다. 그래서 우리 수준에 맞는 보험이지만 가급적 보험의 혜택을 제대로 받을 수 있을 정도는 되어야 한다는 의미이다. 보험을 들긴 들었는데, 사망이든, 사고든, 질병이든 찔끔 받게 된다면 진실로 만일을 위한 대비라고 하기는 어려울 것이다. 따라서 당장에는 부담스럽더라도 만일을 위해 나머지 가족들이 안정된 생활을 할 수 있도록 또는 보험금으로 재활이나 치료를 충분히 받을 수 있도록 준비할 것이 필요하다.

바로 이런 의미에서 좋은 보험의 조건으로 대장금을 이야기하는 것이다. 20여 년 전 TV에서 방영한 〈대장금〉은 기록적인 시청률을 보인 바 있다. 만인에 회자되는 드라마의 내용뿐만 아니라 우리 일상에서도 대장금과 같은 의미 있고 꼭 필요한 존재로서의 보험이 새롭게 인식되기를 바란다.

마지막으로 보험이 가지고 있는 상품의 특징을 고려해야 한다. 최근 보험 상품들은 상품의 보장에 대한 내용뿐만 아니라 다양한 부가적인 특징도 있다. 과거의 자동차에는 에어컨이 선택 사항이었다면 최근에는 기본사항으로 장착돼 나오는 것처럼 보험의 부가적인 측면들이 하나의 상품에 묶여 나오는 경우가 많다. 대표적인 것이 '유·연·납'이라고 불리는 부가 기능들이다.

:: 유니버셜 기능

'유'란 '유니버셜' 기능의 줄임말로, 유니버셜(Universial) 기능이란 말 그대로 광범위하고 다양하단 의미이다. 어떤 면에서 광범위하고 다양하냐면, 크게 3가지를 의미한다.

첫 번째가 납입중지 기능이다. 대부분의 보험에서 납입중지라 함은 보험료를 그만 내고 보장받기를 포기한다는 의미이나, 납입중지 기능은 일정 기간(대부분 2년)이 지나면 보험료 납입이 부담스러울 경우 소정의 절차를 통해 일정 기간 납입을 중지할 수 있음을 보험회사와 계약자 간에 합의하는 경우를 말한다. 물론 이 기간에도 보장 혜택을 당연히 받을 수 있다. 하지만 대가 없이 보장을 받을 수는 없다. 현재까지 보험료 납입을 통해 적립된 금액 내에서 매월 보장받는 금액만큼 차감해야 보장을 받을 수 있는 것이다.

보험회사와 계약자가 이 내용에 합의해야 보장받을 수 있는 것은 당연하다. 우리나라 보험의 경우 1년, 즉 13회차 보험유지율이 90% 내외이다. 1년도 안 돼 10%의 계약이 해지된다는 의미이고, 이는 보험회사와 계약자 모두에게 반갑지 않은 일이다. 보험회사도 사업비에 누수가 생기고 고객은 단기해지에 따른 환급금 과소로 손해를 본다는 인식을 갖기 때문이다. 이런 대부분의 조기 해지는 보험료 납입 부담에 기인하는 경우가 대부분이다. 따라서 이에 대한 합리적인 상호 배려의 방법으로 활용할 수 있으니, 보험 가입에 대한 부담감을 많이 줄일 수 있다고 본다.

두 번째 유니버셜 기능은 추가납입이다. 이는 첫 번째 납입중지에 대한 반대개념으로 해석하면 될 것이다. 납입이 유예되었으니 못 낸 보험료를 보충하는 것은 당연한 일이다. 그뿐 아니라 이 추가납입 기능은 보험료를 납입하지 못한 사람에게 못 낸 보험료를 더 내게 하는 것뿐만 아니라 보험료를 잘 내고 있는 사람이 추가로 보험료를 더 낼 수 있도록 하는 제도이다.

아니 부담스러운 보험료를 더 낸다고? 누가 더 내겠어? 하지만 추가로 내는 보험료는 상당히 부담감이 줄어든 금액이다. 보험료가 부담스러운 이유는 보험료의 구성 원리상 부가보험료 즉 보험회사의 사업비 부분은 보장이나 나중에 찾아가는 적립액에 전혀 도움이 되지 못하고 사라지는 돈인데, 추가납입을 하면 이 부분에 대한 사업비가 거의 부가되지 않아 보험료의 대부분(수금비, 유지비 명목으로 1% 내외 정도만 차감됨)이 보장이나 적립액에 포함돼 내 것으로 되기 때문이다. 그렇기 때문에 추가납입할 수 있는 보험료도 상한선이 정해져 있다. 보험회사 입장에서는 소위 돈 되는 부분이라기보다는 계약자에게 서비스하는 부분이라 많이 받기 부담스러워 제한하는 형편이다. 대체로 연간 납입보험료의 2배 정도를 상한선으로 두고 있다.

세 번째는 중도인출 기능이다. 중도인출이란 말 그대로 중도에 일정액을 인출한다는 것이다. 보험에 들면 보험회사로부터 내 보험의 일부를 꺼내 쓰는 방법이 있는데, 그 하나가 보험대출 제도이고 다음이 중도인출 방법이다. 두 가지 모두 내가 낸 보험료의 일부를 찾아 쓴다는 의미는 같지만 몇 가지 다른 부분이 있다.

첫째는 찾아 쓸 수 있는 돈의 한계인데, 보험대출은 회사마다 상품마다 차이는 좀 있으나 해지환급금의 최대 90%까지 찾아 쓸 수 있다. 반면 중도인출은 해지환급금의 50% 이내로 제한되어 있다.

두 번째 차이는 이자의 유무이다. 보험대출액은 회사와 상품에 따라 일정의 이자를 지급해야 한다. 대체로 공시이율에 1.5% 정도를 더해 월 이자로 지급해야 한다. 그 대신 대출 받은 금액을 포함하여 총 적립액에서 내 돈은 일정 이율로 계속 이자가 붙는다. 즉 내 돈은 내 돈대로 보험 회사에서 굴리기 때문에 빌려주는 돈만큼 좀 더 이자를 내고 쓰는 시스템이다. 반면 중도인출은 이자가 없다. 인출 수수료로 인출액의 0.02%, 최대 2000원 한도이다. 1000만 원을 인출해도 2,000원이고 1억 원을 인출해도 2,000원이다. 이자 내는 것에 비하면 새 발의 피인 것이다. 그런데 인출된 금액만큼 빠져서 이자가 붙는다는 단점이 있다. '당신이 돈을 빼 갔으니 나머지만 갖고 굴려 주겠다'는 의미이다.

물론 보장 내용에는 두 가지 모두 변함이 없다. 어떤 것이 유리한지는 상품별로 상이할 수 있는데, 소액의 급전이라면 카드회사나 은행을 들락거리지 않아도 쉽게 사용할 수 있기에 정말 좋은 제도이다.

:: 연금전환 기능

유연납의 두 번째는 연금전환 기능이다. 연금전환 기능의 중요성과 필요성을 알아보면 다음과 같다. 현재 우리가 준비 가능한 노후방법은 몇 가지 있다. 국민연금과 퇴직연금 그리고 개인연금 그것도 모자라면 부동산의 현금화를 통해 노후자산을 만들 수 있다. 그러나 이 모든 것을 동원해도 노후분지가 원활치 않거나 부족한 경우가 많이 발생한다. 이럴 경우 젊었을 때, 가장의 책임기간에 준비해두었던 보장을 일부 또는 전부를 노후준비 자금으로 돌릴 수 있다는 의미이다. 예를 들어 홍길동 씨 가정의 라이프 사이클을 다시 한번 보자.

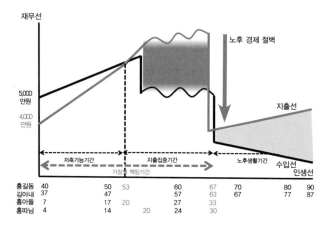

라이프사이클

홍길동	40		50	53		60	67	70	80	90
김아내	37		47			57	63	67	77	87
홍아들	7		17	20		27	33			
홍따님	4		14		20	24	30			

여기서 홍길동 씨는 60대 중반까지 가장의 책임기간으로 볼 수 있다. 이 기간에 만일의 경우가 발생하면 가족들은 상당한 경제적 고통을 받을 수밖에 없다. 하지만 다행스럽게도 홍길동 씨 가족이 아무 일 없이 이 기간을 지냈다고 보자. 그 시점에서 홍길동 씨의 자산은 어찌 되었을까? 현재의 일반적인 수준으로 본다면 홍길동 씨는 그리 부유하지 못할 것 같다.

아들이와 따님이 교육, 결혼자금으로 노후에 대한 준비가 쉽지 않을 것이다. 물론 국민연금도 들고 퇴직연금도 가입해 있겠지만, 현재의 노후 준비도를 감안한다면 그리 충분하지는 않을 것이다. 결국, 홍길동 씨는 60대 중반부터 가장의 책임은 거의 다 했다. 지금 돌아가셔도 가족들에게 큰 경제적인 고통은 주지 않을 것이다. 그렇다면 지금까지처럼 커다란 보장자산은 필요 없을지 모른다. 따라서 좀 더 현명하게 나머지 인생을 보낸다면, 지금껏 모아온 보장자산을 연금화하는 것이다. 연금을 받는 방법도 현재 판매되는 다양한 유형의 연금선택처럼 가능하다. 종신 토록 연금을 받는 종신형부터 확정형, 상속형, 또는 일부 일시금 나머지는 종신 또는 확정형으로 지급받을 수 있다.

:: 납입면제 기능

마지막으로 납입면제 기능이다. 납입면제 기능은 계약자가 치명적 질병이나 치명적 장해 상태가 되었을 때 보험회사가 납입할 보험료를 면제해 주는 경우이다. 보험회사 입장에서는 계약자가 더 이상 경제활동이 어렵고 그에 따라 보험료를 납입할 형편이 안 되는 것에 대해 총괄적인 보장을 해주겠다는 의미이다. 이때 계약자가 추가로 내야 할 보험료는 보험회사가 대신 납입해준다. 따라서 계약은 계속 유지되고 보험의 적립액과 해약환급금도 같이 증액된다. 즉 보험회사가 모든 걸 대신해 준다는 의미이다. 대부분의 보험회사에서 납입면제 사항은 장애율 50% 이상 또는 치명적 질병 진단 시이다.

물론 회사마다 상품마다 차이가 있다는 것은 명심하고 잘 선택해야 함은 당연하다.

이상과 같이 살펴본 대장금, 유연납은 좋은 보험을 고르는 원칙으로 널리 통용되고 있다. 이런 관점에서 독자들도 현재의 보험을 재분석해 보며 추가가입이나 재가입 사항을 점검해 보길 바란다.

인생의 의미

인간은 누구나 살아가면서 인생에 관해 고민한다. 나는 어떤 사람인가, 나는 어떻게 살아왔고 또 어떻게 살아가야 하나, 나의 죽음은 어떠한 의미일까, 등과 같은 질문에 대한 해답은 평생 우리에게 주어진 숙제와도 같을 것이다. 우리가 이런 고민을 하는 것은 오직 인간만이 자신의 삶을 반성하고 계획하며, 더 나은 내일을 꿈꾸는 존재이기 때문일 것이다.

인생이란 무엇일까? 한 사람이 태어나서 죽을 때까지의 시간을 인생이라 부를 수도 있고, 그러한 시간 동안 일어난 일련의 사건들을 인생이라 할 수도 있다. 인생의 정의는 '사람이 세상을 살아가는 일'이다. 그래서 인생은 삶의 또 다른 말이라 할 수 있겠다. 그렇다면 단지 '살아간다는 것'만으로 인생이 완성될 수 있는 것일까? 물론 그렇지 않다. 인생은 삶과 죽음 사이에 놓인 물리적 시간만을 의미하지는 않기 때문이다. 중요한 것은 '어떻게' 살아가는가이지 않을까? 이 세상에 태어난 모두가 길든 짧든 삶의 시간을 부여받지만, 각자의 인생은 천차만별로 달라지는 이유가 여기에 있다.

지금으로부터 약 200년 전, 인생에 대해 그 누구보다 치열하게 고민했던 철학자가 있었다. 1788년 2월 22일, 지금의 폴란드에 속하는 옛 독일의 도시 단치히에서 상인의 아들로 태어난 쇼펜하우어다. 그는 삶의 고통을 바탕으로 여러 가지 철학적 담론들을 제시하며 《인생론》을 저술했다. 쇼펜하우어는 인생을 하루의 시간에 비유했다. 그는 "하루는 작은 일생이다. 아침에 잠이 깨어 일어나는 것이 탄생이요, 상쾌한 아침은 짧은 청년기를 맞는 것과 같다. 그러다가 저녁, 잠자리에 누울 때는 인생의 황혼기를 맞는 것이라는 것을 알아야 한다"고 말했다. 이는 우리가 하루를 살아감과 동시에 인생을 미리 살고 있다는 의미가 아닐까?

　삶과 세상에 대한 염세주의적 시각을 가지고 있었던 쇼펜하우어는 우리의 인생이 고통으로 가득 차 있다고 생각했다. 우리는 태어난 이유도 없고 사는 이유도 없으며 죽는 이유조차 없는 것이다. 단지 이 세상에 태어났기 때문에 주어진 삶을 살아가고, 갖가지 희로애락을 경험한 뒤, 필연적으로 죽음을 맞이한다는 것이다. 쇼펜하우어의 시각에서는 이 모든 과정이 그저 고통일 뿐이다.

　그렇다면 그의 말과 같이 인생은 힘들고 괴로운 투쟁에 불과한 것일까? 우리는 죽는 날까지 진정한 행복에 다가서지 못하고 이 세상을 떠나가야만 하는 것일까? 많은 사람이 자신의 인생을 통해 증언한 바와 같이, 인생은 동전의 양면과 같다고 볼 수 있다. 삶은 형벌일 수도 있지만, 축복일 수도 있다. 고통과 쾌락이 공존하는 것이 우리의 인생이다. 쇼펜하우어는 고통이 쾌락보다 앞선다고 했지만, 그 둘 중 어느 것을 지향하며 준비하는 삶을 살 것인지는 전적으로 개인의 선택과 의지에 달려 있다고 할 수 있겠다. 태어남과 죽음을 동시에 지니고 세상에 나온 인간의 운명은 그것을 어떻게 받아들이는가에 따라 완전히 다른 모습으로 각자의 '인생'이 되는 것이다.

삶이 소중한 이유는 언젠가 끝나기 때문이라 할 수 있다. 현대 철학자 셸리 케이건 교수가 매년 예일대에서 주최하는 '죽음(Death)'에 관한 강의는 하버드대의 유명 강의인 '정의(Justice)' 및 '행복(Happiness)'과 함께 아이비리그(Ivy League)의 3대 명강의로 불리고 있다. 사람들이 이처럼 죽음이라는 화두에 커다란 관심을 갖는 것은, 죽음이 피할 수 없는 인간의 숙명이기 때문일 것이다. 인생의 성공은 태어난 순간부터 죽는 날까지로 한정되는 유한한 시간을 얼마나 잘 활용하는가에 따라서 좌우될 수 있다. 이런 점에서 인생은 한정된 재화를 가장 효율적으로 사용할 수 있는 메커니즘을 지향하는 경제학과 일맥상통하는 측면이 있다고 볼 수 있겠다.

우리는 직업을 가지고 일을 하면서 돈을 벌고, 번 돈을 지출하면서 생존을 유지하며, 남는 돈은 저축하거나 투자해서 부를 축적한다. 그러다 때가 되면 결혼을 해서 가정을 꾸리고, 내 집을 마련하고, 아이를 낳아 기르며 살아간다. 이 모든 과정 속에서 우리는 수많은 선택의 순간에 직면하게 된다. 그리고 이때 기회비용은 최소화하면서 행복이라는 효용을 최대로 누릴 방법을 택하기 위해 고민한다. 그래서 성공한 인생은 얼마나 성공적인 선택을 했는가 하는 문제와 직결된다고 볼 수 있을 것이고, 결국 한 사람의 인생은 그 사람이 살면서 행해온 선택의 집합이라고도 할 수 있을 것이다.

그렇다면 성공적인 선택, 좋은 선택을 하기 위해서는 어떠한 조건을 갖추고 있어야 할까? 누구에게나 선택의 기회는 찾아오지만, 모두가 최선의 선택을 하는 것은 아니다. 우리는 살면서 우연한 행운을 거머쥐기도 하지만, 예기치 못한 불행과 마주치기도 한다. 모두가 꿈꾸는 '대박'의 기회보다는, 상상도 하지 못한 사고나 사건에 노출될 위험이 더욱 많은 것이 현대인의 삶이다. 큰 병에 걸린 줄도 모르고 일상을 보내다가 돌연 시한부 인생을 선고받았다는 이야기, 갑작스레 교통사고를 당해 심각한 부상을 입었다는 이야기, 다니던 공장에 큰불이 나서 하루아침에 직장을 잃게 되었다는 이야기 등과 같은 불운한 사연들을 우리 주위에서 심심찮게 들을 수 있다.

이러한 이야기들이 나와 우리 가족에게 일어난다면 어떤 일이 벌어질까? 그러한 상황에서 나에게는 어떠한 선택지가 주어지겠는가? 아무것도 준비되어 있지 않은 삶이라면 선택의 기회조차 주어지지 않을 수도 있다. 어느 것이 가장 최선인가 하는 고민은 차치하고서라도, 어떻게 해야 가장 최악을 피할 수 있는가에 대한 물음에도 답을 찾지 못하게 되는 것이다. 위기를 기회로 바꾸는 유일한 방법은 위기가 찾아오기에 앞서 미리 준비하는 길밖에 없다. 비를 맞기 전에 우산을 지니고 있어야만 젖지 않고 목적지에 무사히 당도할 수 있다. 비 내리는 하늘을 탓하고만 있는 사람이나 언제 그칠지도 모르면서 무작정 기다리는 사람은 그만큼 뒤처질 수밖에 없는 것이다.

'준비하는 삶'이 인생의 행복과 직결되는 이유가 바로 여기에 있다. 인생의 매 순간 우리에게 주어지는 선택의 기회에 가장 충실하기 위해서, 예기치 못하게 찾아오는 위기의 순간에 대처하기 위해서는 생애주기에 걸맞은 준비가 이루어져 있어야 한다. 정신적 성숙, 신체적 건강, 사회적 관계 등 많은 조건이 준비의 대상이 될 수 있지만, 그중에서도 가장 기본이 되는 것은 바로 '경제적 능력'이다.

우리는 언제나 인간다운 삶을 영위하기 위한 최소한의 물질적 조건이 필요하다. 이는 생존과 직결되는 문제이기 때문이다. 나아가 21세기를 사는 우리에게는 생존 유지를 위한 의식주 문제와 더불어 현대인의 라이프스타일에 부합하는 생활을 누릴 수 있는 경제적 여유가 필수적으로 요구된다고 할 수 있다. 인생의 목적은 단지 '먹고 사는 문제'에만 그치는 것이 아니라, 개인의 자아를 실현하고 행복을 추구하는 데 있다는 것은 누구나 아는 사실이다. 먹고 살기 빠듯한 삶, 밤마다 내일을 걱정하는 삶을 살면서 성공적인 인생, 행복한 인생을 꿈꿀 수는 없지 않을까?

한 치 앞을 내다볼 수 없는 것이 사람의 인생이라고 했다. 우리는 미래를 예측할 수 없기에, 오늘에 충실함과 동시에 내일을 대비해야 하는 것이다. 초등학교밖에 졸업하지 못했지만 노벨문학상을 수상했고, 아흔이 넘도록 열정적인 삶을 살았던 아일랜드 유명 극작가 조지 버나드 쇼는 자신의 묘비명에 이런 말을 남겼다. "우물쭈물하다가 내 이럴 줄 알았지." 듣는 이로 하여금 미소를 짓게 하는 해학적인 말이지만, 그는 묘비명을 통해 우리에게 따끔한 질책을 하고 있는지도 모른다. 더 이상 아까운 시간을 낭비하며 좌고우면하지 말고, 하루라도 빨리 계획하고 준비하여 꿈을 이루는 삶을 살아가라고 말이다. 우물쭈물하다가는 영영 행복에 다가갈 수 없을 만큼 인생은 짧고 유한한 것이기 때문이다.

  많은 경제학자가 투자의 성공 비법과 자산관리의 방법으로 '10년 후를 내다볼 것'을 강조한다. 이 말은 아이들의 교육 정책을 수립하는 데 있어서도, 진로를 고민하는 취업준비생들을 위한 조언으로도 자주 인용되곤 한다. 미래를 전망하고 그에 맞는 준비를 갖추는 '유비무환'의 자세는 모든 분야의 성공 비결이다. 인생의 성공을 논하는 데 있어서도 예외일 수는 없다. 모두가 인정하고 부러워하는 성공을 거머쥔 인물들과, 실패와 좌절로 점철된 삶을 살았던 인물들의 차이점은 무엇이었을까? 바로 '인생을 얼마나 철저히 준비했는가' 하는 물음에 대한 대답이 전혀 달랐다는 점이다.

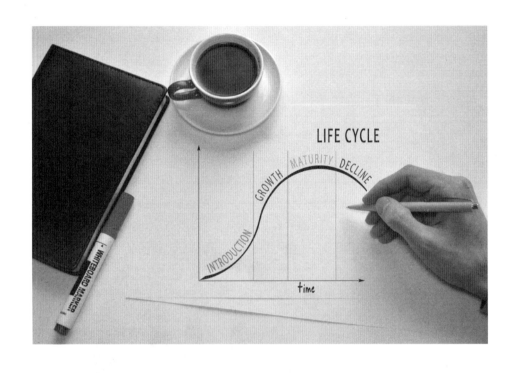

40 50 스스로 그려가는 나의 인생 그래프

초판 1쇄   2022년 06월 22일

지은이   석상혁
발행인   김재홍
교정·교열   김혜린
마케팅   이연실
디자인   박효은

발행처   도서출판지식공감
등록번호   제2019-000164호
주소   서울특별시 영등포구 경인로82길 3-4 센터플러스 1117호(문래동1가)
전화   02-3141-2700
팩스   02-322-3089
홈페이지   www.bookdaum.com
이메일   bookon@daum.net

가격   15,000원
ISBN   979-11-5622-699-4 03320

ⓒ 석상혁 2022, Printed in Korea.

– 이 책은 저작권법에 따라 보호받는 저작물이므로 무단전재와 무단복제를 금지하며, 이 책 내용의 전부 또는 일부를 이용
하려면 반드시 저작권자와 도서출판 지식공감의 서면 동의를 받아야 합니다.

– 파본이나 잘못된 책은 구입처에서 교환해 드립니다.